# RAPPORT

## SUR LES MARAIS DE LA SEUGNE.

# RAPPORT

## PRÉSENTÉ A LA COMMISSION SYNDICALE

DES

# MARAIS DE LA SEUGNE,

### Par M. DUMORISSON,

SYNDIC-DIRECTEUR.

LA ROCHELLE,

TYPOGRAPHIE DE G. MARESCHAL, RUE DE L'ESCALE, 20.

—

1843

# SYNDICAT DES MARAIS DE LA SEUGNE.

# RAPPORT

PRÉSENTÉ A LA COMMISSION SYNDICALE

DES

## MARAIS DE LA SEUGNE,

**Par M. DUMORISSON ,**

SYNDIC-DIRECTEUR.

## *Exposition.*

MESSIEURS ,

Lors de votre dernière réunion vous avez senti le besoin d'avoir une idée nette des faits qui se rattachent aux marais de la Seugne, et des renseignemens exacts sur les tentatives faites anciennement pour parvenir à leur desséchement, sur les travaux effectués dans ce but , sur les causes qui ont amené la chute de ces entreprises , sur la nature du sol de nos marais , sur leur état actuel et leurs produits dans ce moment.

Vous avez voulu surtout avoir des données précises sur la question de savoir si le dessèchement de nos marais est possible , sur la plus-value présumée que des travaux sagement entrepris et continués avec persévérance pourraient leur donner , sur le coût de ces travaux , sur l'étendue des charges qu'ils feraient peser sur les propriétaires , et enfin sur les moyens à employer , au point de vue administratif et financier , pour atteindre le but que vous vous êtes proposé.

Vous m'avez confié le soin de rechercher les faits et les documens qui se rattachent à l'examen de ces questions si diverses , et de vous en présenter l'analyse. Cette tâche était difficile pour moi , surtout , qui étais étranger aux études spéciales que la solution de ces questions exigeait. Mais j'ai dû cependant l'accepter parce que la Commission syndicale reculait devant la dépense considérable qu'eût entraînée la confection d'un travail d'aussi longue haleine , s'il eût été confié à un homme spécial et que mon refus entraînait l'abandon de notre entreprise. Mon travail , quelque incomplet qu'il puisse être , aura donc quelque utilité , car il vous mettra à même de décider , avec connaissance de cause, l'importante question de savoir si nous poursuivrons ou si nous abandonnerons l'exécution de nos projets premiers.

Depuis quatre ans , j'ai étudié les faits qui se rattachent à notre bassin marécageux ; je les ai étudiés sur les lieux , avec vous , au milieu des riverains de la Seugne qui connaissent si bien et les causes du mal et les moyens de les combattre. J'ai , autant qu'il a été en moi , écouté tout le monde , j'ai recueilli tous les avis , j'ai pesé toutes les objections , apprécié tous les intérêts ; et aujourd'hui , Messieurs , je viens présenter le résultat de mes consciensieuses études , à vous d'abord , à nos co-intéressés et enfin à l'administration qui a besoin aussi d'avoir une idée nette des faits , puisqu'elle est appelée à diriger et à surveiller nos actes.

Mon travail se divisera en trois parties distinctes.

La première contiendra un exposé des faits qui se rattachent au desséchement de nos marais depuis 1624 jusqu'à nos jours ;

La seconde , la description du bassin marécageux , en le considérant d'abord dans son ensemble et au point de vue géologique et topographique , ensuite à un point de vue plus restreint , en étudiant les faits secondaires qui ont été les suites des actes de l'homme et qui ont modifié son état primitif , et enfin l'indication des produits et de la valeur actuelle des terrains syndiqués ;

Dans la troisième , j'examinerai la question de savoir si le desséchement est possible ; je dirai quels sont les travaux à faire , quelle sera la dépense qu'ils nécessiteront , quels sont les produits à espérer après le desséchement , et enfin je ferai l'exposé des moyens d'exécution.

# PREMIÈRE PARTIE.

---

**Aperçu historique sur les faits qui se rattachent au desséchement des Marais de la Seugne.**

## § I.<sup>er</sup>

### PREMIÈRE PÉRIODE, DEPUIS HENRI IV JUSQUES A 1789.

Henri IV avait long-temps fait la guerre dans l'Aunis et la Saintonge : il avait souvent traversé leurs bassins marécageux, et il savait combien ces terrains submergés renfermaient de richesses. L'art des desséchemens était inconnu en France à cette époque, et c'est à un étranger, au Hollandais Humfrey Bradley, qu'il confia le soin de réaliser les projets qu'il avait conçus, pour rendre à l'agriculture les vastes savanes qui couvraient ces deux provinces.

Les édits de ce prince, et notamment celui du 8 avril 1599, concédaient à Bradley de grands priviléges ; il devenait proprié-taire de la *juste moitié*, dit l'édit, des terrains qu'il desséchait et il n'était obligé d'exécuter que les travaux principaux, les lignes magistrales en un mot; tous les travaux secondaires res-taient à la charge des propriétaires.

Bradley exécuta de beaux et d'utiles travaux , mais sa tâche était immense , il mourut avant de l'avoir achevée.

Le 4 mai 1641 , une déclaration du roi Louis XIII confia à l'ingénieur Fiette , et à ses associés , la direction générale des desséchemens attribuée d'abord à Bradley ; elle leur accorda les mêmes priviléges.

Vers 1642 , Fiette voulut entreprendre le desséchement des marais de la Seugne. Il fit à ce sujet au maréchal d'Albret, sire de Pons, des propositions que celui-ci n'accepta pas. Fiette demandait la concession de 2/3 des terrains à dessécher : du reste cet entrepreneur paraît avoir eu le projet d'opérer un desséchement complet et de convertir les marais en terres arables; il n'eût pas réussi. Je le démontrerai plus tard.

Le maréchal d'Albret avait déjà , le 12 octobre 1624 , obtenu un arrêt du Conseil d'État qui lui accordait le privilége exclusif de rendre la Seugne navigable. L'exécution du plan qu'il avait adopté et qui avait été dressé par l'ingénieur Montassier, fut confiée aux sieurs Fayenne et Jensonne ; mais ces travaux mal conçus et mal dirigés, n'ayant au surplus qu'un but unique , la canalisation de la rivière , n'aboutirent qu'à occasionner de grandes dépenses au maréchal d'Albret , et n'amenèrent pas les résultats qu'il pensait obtenir. L'assiette de cette ligne de navigation est parfaitement reconnaissable aujourd'hui; elle est connue dans le pays sous le nom de *chemin d'eau ou chemin du Prince*.

Les priviléges exclusifs accordés à Fiette et à sa compagnie, amenèrent de vives réclamations de la part des propriétaires des marais de la Saintonge , de l'Aunis et du Poitou. Le gouvernement y fit droit, et, le 20 juillet 1643 , Sa Majesté Louis XIV rendit une nouvelle déclaration qui restreignit l'action des priviléges concédés à Fiette, et autorisa les propriétaires à faire par eux-mêmes les travaux de desséchemens, mais en réservant à Fiette la direction de ces travaux, et le droit de 40 sols par arpent, concédé primitivement à Bradley.

Cette déclaration fut renouvelée, le 14 juin 1764, par Louis xv.

Pendant près d'un siècle, les marais de la Seugne restèrent dans leur ancien état. Nulle tentative ne fut faite pour leur desséchement, ou du moins si quelques travaux furent effectués, ce fut dans un intérêt tout local, sans plan d'ensemble et sans ce caractère de généralité qui rend fructueux les travaux de ce genre.

En 1753, les propriétaires obtinrent l'autorisation de se former en syndicat.

Le 17 avril, un arrêt du Conseil d'État ordonna le recurage général des écours de la Seugne, et la destruction des barrages ou pêcheries qui entravaient la marche des eaux.

En voici les termes :

« Le Roi, ayant été informé que différens particuliers, abusant » des permissions de pêcher dans la rivière de Seugne, depuis » la ville de Pons en Saintonge, jusqu'à la Charente, ne se » sont pas contentés d'y faire construire des digues, pour » arrêter le cours des eaux; mais ont encore assemblé des amas » de pierres, et fait planter quantité de pieux et de saules dans » le lit de ladite rivière, qui s'est trouvée, par ce moyen, telle- » ment rétréci et comblé dans tout son cours, qu'à peine reste-t-il » quatre pieds de largeur en différens endroits, de plus de » quarante qu'elle avait autrefois, ce qui a fait de cette rivière » une espèce de marais, où les eaux croupissent sans pouvoir

» trouver d'écoulement; que de cet inconvénient il en résulte un,
» infiniment plus considérable, par l'inondation de plus de six
» mille arpens de prairies, situés le long de ladite rivière, depuis
» la ville de Pons jusqu'à la Charente; lesquels étant privés de
» l'écoulement des eaux pluviales, par l'envasement et le rétré-
» cissement du lit de ladite rivière, *restent submergés pendant*
» *toute l'année, et ne produisent plus que des joncs, ce qui*
» *entrainerait bientôt la perte entière de ces fonds, qui ont été*
» *autrefois considérés comme les meilleurs de la Province,*
» et dont Sa Majesté peut tirer le plus de secours par les
» fourrages abondans qu'ils seraient en état de fournir, pour
» les chevaux des troupes de cavalerie, qui sont ordinairement
» en quartier dans la Saintonge, et que, d'ailleurs, le séjour
» de ces eaux croupies, infecte l'air et excite des exhalaisons
» capables de causer des maladies dangereuses : à quoi étant
» nécessaire de pourvoir. Vu l'avis du sieur de Blair de Boise-
» mon, Intendant et Commissaire, départi en la généralité de
» la Rochelle, du 12 mars 1753. Ouï le rapport. Le Roi étant
» en son Conseil, a ordonné qu'il sera incessamment procédé à
» la démolition des pêcheries établies sur la rivière de Seugne,
» ainsi qu'au nettoiement et recurement de ladite rivière, etc. »

Bientôt, grâce au zèle du syndic de l'association, M. Robel-
lain, les travaux commencèrent; ils eurent pour premier objet
la démolition des établissemens de pêche.

Mais cette entreprise éprouva bientôt, comme toutes celles de
ce genre, de vives oppositions : le zèle des syndics fut mis à de
rudes épreuves. L'un d'entre eux surtout, M. de Lilleferme,
fut en butte à tous les outrages, sa vie fut menacée, ses meules
de foin incendiées, ses constructions rurales détruites. Il possédait
à Jarlac, de magnifiques plantations de mûriers, de peupliers,

de frênes, et, dans une nuit, la majeure partie de ces arbres furent coupés ras de terre. J'ai entre mains les pièces régulières qui établissent ces faits. Ils sont au surplus de notoriété publique dans le pays.

Ces actes inouïs de violence furent effectués par les propriétaires des pêcheries qu'on avait dépossédés violemment, sans leur accorder d'indemnité et dont l'exaspération ne connaissait plus de bornes.

M. de Lilleferme ne se découragea pas. Il possédait une grande étendue de marais et il avait ainsi un grand intérêt à la terminaison de l'opération ; il fit, de ses deniers, l'avance des fonds nécessaires à l'entreprise ; des nivellemens furent faits, des plans et des devis furent dressés, le 20 février 1767, par M. l'ingénieur Brunet de la Roche, et malgré l'opposition haineuse et systématique de M. Hue, ingénieur en chef de la généralité de la Rochelle, chargé en premier lieu des travaux, mais que M. de Lilleferme avait dû faire remplacer, l'opération marchait rapidement.

Les ressources financières paraissaient assurées. Les terrains, divisés en trois classés, devaient supporter une taxe proportionnelle dont le produit s'élevait à la somme de 271,000 francs, prix présumé des travaux ; tout annonçait une prompte terminaison des projets adoptés, mais un nouvel adversaire se présenta et tout fut entravé.

Déjà, en 1761, M. le prince de Marsan, sire de Pons, avait annoncé à M. de Lilleferme, que son intention était de faire revivre, en sa faveur, le privilége concédé, en 1624, au maréchal d'Albret et à ses successeurs.

M. de Marsan avait compris que M. de Lilleferme deviendrait pour lui un utile auxiliaire : il était difficile, en effet, qu'il pût se passer d'un homme qui, à une grande intelligence, joignait une connaissance parfaite du terrain. Il n'avait pas craint d'abuser du crédit que lui donnait sa haute position, et il avait obligé M. de Lilleferme à accepter les conditions qu'il lui imposait, sous peine de ne pas recevoir le prix de ses avances. Le 5 octobre 1761, un traité avait été signé entre eux.

M. de Marsan fit examiner par d'habiles ingénieurs les plans dressés par M. Brunet de la Roche pour le desséchement. Il crut l'opération bonne, et il se décida à la faire à son profit.

L'association des propriétaires fut donc violemment rompue, et M. de Lilleferme fut contraint de servir les intérêts du prince.

M. de Lilleferme repoussait le projet de rendre la Seugne navigable; il voulait, comme tous les propriétaires, s'en tenir purement et simplement au desséchement. Il faisait ressortir les avantages de l'opération ainsi simplifiée, et il donnait à ce sujet d'excellentes raisons que le prince ou ses conseillers ne surent pas apprécier.

M. de Marsan persista à diriger les deux opérations de front. Il obligea M. de Lilleferme à produire un plan qui embrassait à la fois l'une et l'autre.

Ce plan, rédigé à Paris le 1er mars 1768, fut présenté à M. Bertin, Ministre d'Etat, qui chargea M. l'abbé de Gua de Malves, de l'académie des sciences, d'en faire l'examen.

M. de Malves était un homme très-compétent en pareille matière; il avait une parfaite connaissance de l'hydraulique; mais malheureusement l'étude des faits et la connaissance pratique des lieux lui manquaient. Il démontra très-bien qu'il était difficile de canaliser la rivière, et qu'il valait infiniment mieux établir la ligne de navigation en dehors du lit de la Seugne, et dans un canal latéral et collé aux hautes terres. Quant aux critiques qui se rattachaient au plan de desséchement, elles tombaient complètement à faux.

Les plans de M. de Marsan furent modifiés, et enfin, sur l'avis définitif de M. Gendrier, inspecteur-général des ponts-et-chaussées, ils furent approuvés par M. Bertin, qui en autorisa l'exécution.

Le 16 septembre 1770, M. de Marsan obtint un arrêt du Conseil d'État qui confirmait le privilége accordé au maréchal d'Albret, par l'arrêt du 12 octobre 1624, et qui lui permettait, en outre, de faire opérer le desséchement, mais à charge de rembourser à l'association de 1755, ou plutôt à M. de Lilleferme, les avances faites pour les travaux déjà effectués.

Par le même arrêt, les propriétaires étaient assujettis à verser, entre les mains du prince, le montant de la taxe qu'ils s'étaient imposé pour la confection des travaux. Cette taxe était, par arpent, de 36 fr. pour les *marais mouillés*, de 25 fr. pour les *prés-marais* et de 20 fr. pour les *bons prés*.

Le 12 septembre 1772, et par nouvel arrêt, ces dispositions furent modifiés en quelques points, mais dans l'intérêt seul du prince.

La position des propriétaires resta la même.

M. de Marsan, manquant de fonds, chercha à céder son privilége à une compagnie concessionnaire ; mais il fit des conditions trop dures : il voulait vendre son privilége cent mille écus. Les négociations avortèrent.

D'un autre côté, les riverains de la Seugne repoussaient vivement le projet de navigation.

Sur ces entrefaites, M. de Marsan mourut. M. de Lilleferme, abreuvé de dégoûts, et dont la fortune avait été fortement ébranlée par les avances qu'il avait faites, et qui s'élevaient à plus de

80,000 fr., fut contraint d'avoir un procès ruineux avec les héritiers du prince pour en obtenir le remboursement. Ce fut là la récompense de son désintéressement et d'un zèle qui s'était soutenu sans fléchir, pendant près de 30 années, au milieu des contrariétés et des déceptions les plus poignantes.

La révolution de 1789 survint. M. de Lilleferme perdit les sommes qu'il avait avancées, et tous les projets relatifs au desséchement de la Seugne furent abandonnés.

Je passe à l'historique de la deuxième époque.

## § II.

### DEUXIÈME PÉRIODE, DEPUIS 1789 JUSQU'A CE JOUR.

On comprend qu'après avoir vu échouer l'entreprise du maréchal d'Albret, celle de 1753; entreprises qui avaient commencé sous de favorables auspices, et dont la direction avait été confiée pendant si longtemps à des mains habiles et puissantes, les populations riveraines de la Seugne durent concevoir des doutes sur la possibilité d'arriver au desséchement de leurs marais. Ce qui était la faute des hommes et des circonstances, fut attribué à la nature; et ce mot fameux dans la contrée : *Ils sont marais et resteront éternellement marais*, a été pendant bien longtemps regardé comme une décision sans appel.

Cependant le mal empirait de jour en jour. Le bon sens po-

pulaire ne pouvait se méprendre sur ses causes. Des plaintes nombreuses arrivèrent aux oreilles de l'autorité, et, le 4 mai 1792,
un arrêté du Directoire exécutif du département ordonnait la
rupture des chaussées des moulins et la destruction des pêcheries.

Ces mesures violentes furent mises à exécution dans plusieurs
communes, notamment dans celle de Saint-Léger. Mais, peu-à-
peu, les chaussées des moulins furent reconstruites, les barrages
de pêcheries se rétablirent, et les choses en revinrent au point
où elles en étaient auparavant.

Les plaintes se renouvelèrent bientôt ; elles devinrent nombreuses et vives. Les archives départementales en font foi.

Les habitans de la commune de Saint-Léger, notamment, de-
mandèrent, à l'administration supérieure, l'autorisation d'acheter
et de supprimer le moulin du Gua.

Mais ces tentatives isolées, sans lien entre elles, sans vues
d'ensemble, sans direction commune, échouaient devant les
immenses difficultés qu'entraînait une opération de ce genre.

Pendant ce temps, de magnifiques et d'utiles travaux s'effectuaient autour de nous. Les marais de Brouage, de Saint-Jean-
d'Angle, de Saint-Augustin, de Pont-l'Abbé, de la Sèvre, de Saint-
Ciers, se convertissaient en de riches prairies. Les anciens dessèchemens d'Archingeay et du Né étaient ramenés à leur premier état.
De toutes parts, enfin, des sociétés syndicales s'organisaient sous
le patronage et la direction des grands propriétaires, et de nouvelles sources de richesses étaient créées. L'administration com-
prit qu'il était temps de mettre un terme à nos plaintes continuelles,
de coordonner et de diriger vers un but commun les efforts des
propriétaires, et elle organisa, le 4 mai 1839, conformément
aux dispositions de l'ordonnance royale du 29 septembre 1824,
le syndicat dont vous êtes les administrateurs.

C'est à partir de ce jour, Messieurs, qu'a commencé la tâche que vous m'avez confiée et que j'ai remplie de mon mieux.

Je vais vous rendre compte en peu de mots de l'état actuel des choses dans notre syndicat.

Le 22 août 1839, la commission syndicale, sur le rapport que j'eus l'honneur de lui présenter, décida, par une délibération qui a été approuvée le 25 avril suivant par un arrêté de M. le Préfet :

1° Que les charges qu'entraîneraient les travaux seraient divisées en deux catégories.

Que la première comprendrait les *charges générales* ;

La seconde, les *charges particulières*.

2° Que les terrains syndiqués se diviseraient en trois classes.

Que la première supporterait le 1/6e des dépenses générales du syndicat ;

La deuxième, les 2/6e ;

La troisième, les 3/6e ou la moitié.

La commission se décida à admettre la division des charges en deux catégories, parce qu'il était évident que certains travaux profiteraient à l'ensemble des terrains syndiqués, et d'autres seulement à des parcelles isolées et sans relations directes avec les autres. Il était juste, dans ce cas, d'en faire solder le prix par les propriétaires seuls intéressés à leur confection.

Quant à la division des terrains syndiqués en trois classes, et à la répartition des charges, soit générales, soit particulières entre les classes, elle se décida à admettre les principes que je viens d'indiquer, parce qu'elle avait reconnu que les terrains syndiqués n'étaient pas placés dans des conditions identiques et étaient, par suite, de valeurs différentes, et qu'il était juste de tenir compte de ces circonstances dans les prévisions relatives

2

à la plus-value que les travaux devaient faire obtenir ; car il était évident que le taux de cette plus-value deviendrait d'autant plus élevé que le prix de vente actuel l'était moins.

En cela, la Commission a suivi les principes d'une stricte équité ; et, ce qui est fort remarquable, elle a, à près d'un siècle de distance, décidé, sur les points que je viens de relater, exactement comme l'avait fait l'association syndicale, organisée en 1753, et dont les travaux lui étaient alors inconnus.

Ces principes, qui sont fondés sur la plus stricte justice, ont été appliqués par le Gouvernement dans l'ordonnance royale du 24 août 1833, rendue pour le desséchement des marais du bassin inférieur de la Sèvre-Niortaise, et promulguée le 10 décembre suivant.

Par la même délibération, la Commission a aussi autorisé la confection d'un plan parcellaire, d'une matrice syndicale, et le recurage des écours de la digue ou Seugne-Marau.

Les plans et la matrice syndicale sont terminés.

Ce travail a été extrêmement difficile à faire par suite du désordre qui existe dans les matrices cadastrales de plusieurs communes. On sait que l'accès des marais a été interdit aux géomètres du cadastre sur divers points.

Ce travail laisse donc beaucoup à désirer ; mais, dans l'état actuel des choses, il est aussi complet qu'il pouvait l'être. Au surplus, les erreurs qui existent disparaîtront, si on refait les opérations cadastrales dans ces communes, ou, dans tous les cas, à mesure de la mise à exécution des rôles. Les propriétaires auront, en effet, intérêt à les faire rectifier et à rechercher, par eux-mêmes, quels sont les vrais propriétaires des parcelles que les matrices cadastrales désignent comme leur appartenant.

Quant au recurage de la Seugne-Marau, cette opération, qui

a produit de si bons résultats pour les terrains voisins , est ter-
minée depuis longtemps. Le montant des rôles a été recouvré et
l'adjudicataire a été payé par le caissier central du syndicat.

La Commission a pris une nouvelle délibération , le 13 septembre 1841 , par laquelle elle demande que des nivellemens
soient faits pour servir de base à un réglement d'eau. Elle a autorisé le syndic à contracter un emprunt de 1,500 fr. , dont le
tiers doit être employé à indemniser , de ses premières dépenses,
l'ingénieur chargé des nivellemens, et dont le surplus doit rembourser le syndic des avances qu'il a faites pour la confection du
plan et de la matrice. Cet emprunt a été effectué. Les travaux
commenceront cet été.

Enfin, pendant l'hiver de 1841 à 1842, après un avis imprimé
adressé aux propriétaires, le syndic a fait, en présence de MM. les
Maires et les membres de la Commission, une reconnaissance générale du terrain, afin d'arrêter, sur le plan , les limites pro-
visoires du syndicat. Ce long travail est terminé. Il a été fait avec
le plus grand soin , en prenant pour base les limites tracées par
les eaux d'inondation , elles-mêmes , qui servaient d'indicateur.
On a mis en dehors de ces limites tous les terrains qui ne doivent
obtenir aucun résultat avantageux des travaux à effectuer.
L'opération , sous ce rapport , a été largement conduite , et ce
tracé provisoire de notre ligne de démarcation n'amènera ,
je l'espère , aucune difficulté sérieuse dans l'avenir.

Ce travail sera soumis à la Commission lors de sa première
réunion.

Si elle l'approuve , sa délibération sera affichée , par extrait ,
dans chaque commune , et soumise à l'homologation de M. le
Préfet.

Tel est, Messieurs, en substance, l'état actuel des choses dans notre syndicat. Il nous reste maintenant à faire faire un plan de desséchement et à obtenir, après avoir rempli les longues et difficiles formalités d'usage, une ordonnance royale qui statuera sur l'organisation définitive du syndicat et en arrêtera les bases en autorisant les travaux. C'est alors seulement que nous pourrons mettre la main à l'œuvre et avancer rapidement dans cette carrière où nous avons à peine fait quelques pas.

Si nous recherchons actuellement les causes de la non réussite des tentatives faites jusqu'à ce jour pour le desséchement de nos marais, nous les trouvons d'abord, pour celle du maréchal d'Albret, dans l'imperfection des plans premiers et dans la mauvaise exécution des travaux.

Celle de *Fiette* ne fut qu'un projet sans bases bien arrêtées. Fiette connaissait à peine le bassin qu'il voulait dessécher. S'il l'eût examiné avec soin il eût été bien vite convaincu qu'un desséchement complet était impossible.

Il est donc probable que les conditions exorbitantes, imposées par cet entrepreneur, furent la seule cause de l'abandon de son entreprise et non la suite des difficultés qu'elle présentait et de la mauvaise qualité des terrains.

La cause de la non réussite de la tentative faite par l'association de 1753 est tout entière dans l'intervention de M. de Marsan, qui s'obstina, évidemment dans un but de spéculation et d'intérêt privé, et pour obtenir la confirmation du privilége accordé par l'arrrêt du 12 octobre 1624, à faire marcher de front le desséchement et l'établissement de la navigation.

Telles sont, Messieurs, les causes qui ont amené la chute successive de ces entreprises. Nous les trouvons tout entières dans l'ignorance ou dans la cupidité des hommes ; mais rien, jusqu'à ce moment, et c'est pour nous une circonstance bien encourageante, n'a pu nous faire découvrir que leur non réussite ait tenu à une disposition particulière du bassin marécageux, à l'absence de pentes suffisantes. et à la mauvaise qualité des terrains.

Si, d'ailleurs, des doutes existaient à ce sujet dans vos esprits, j'espère pouvoir les dissiper dans la seconde et dans la troisième partie de mon travail.

# DEUXIÈME PARTIE.

### DESCRIPTION DU BASSIN DE LA SEUGNE.

Cette seconde partie de mon travail est destinée , comme je l'ai déjà annoncé, à donner un aperçu de l'état actuel du bassin de la Seugne , en le considérant d'abord au point de vue général et dans son ensemble , ensuite à un point de vue plus restreint , et en étudiant les faits secondaires qui ont amené des changemens dans son état premier, changemens qui ont été déterminés par les innovations apportées dans le régime des eaux de la rivière , soit par l'établissement de nouveaux canaux , soit par la construction des moulins et des barrages des pêcheries.

Je consacrerai quatre paragraphes à cet examen.

Dans un cinquième , je dirai quels sont les produits actuels de nos marais, et à quelles conditions nous les obtenons.

## § I.er

**Description topographique et aperçu sur la nature et la formation des terrains contenus dans le bassin syndiqué.**

Le syndicat actuel des marais de la Seugne commence aux limites de la commune de Pons, et il se continue jusqu'à la Charente, en s'étendant sur le territoire des communes de *Bougnaud, Saint-Seurin, Montils, Saint-Sever, Courcoury, les Gonds, Berneuil, la Jard, Colombier* et *Saint-Léger*. Ses limites sont, à peu de chose près, les mêmes que celles du syndicat de 1753.

Sa superficie est de 2,300 hectares environ, qui se divisent entre quatre mille propriétaires au moins, dispersés sur plus de soixante communes.

Si la tradition est exacte, la majeure partie de ces marais, qui appartenaient aux sires de Pons, étaient, dans l'origine, et à une époque fort éloignée, couverts d'arbres aquatiques qui formaient une épaisse forêt; ces seigneurs concédèrent ces terrains aux riverains, qui parvinrent à les convertir en bonnes prairies après les avoir défrichés. Plus tard, ces seigneurs changèrent l'état des choses, en faisant des concessions de prises d'eau pour l'établissement des moulins, et en autorisant la construction de barrages fixes pour l'établissement des filets de pêche.

Le bassin de la Seugne dans la partie syndiquée, depuis la ville de Pons jusqu'à la Charente, sur près de 16,000 mètres de longueur moyenne, ressemble, à peu de chose près, à un triangle dont le sommet se trouve au sud, et dont la base s'appuie, au Nord, sur l'île de Courcoury. Il se relie à celui de la Charente, par deux cols ou issues naturelles, qu'on appelle *les Pas de la Fossade* et de l'*Etier ferré*. Le premier, large à peine de 40 mètres, se trouve à la pointe Est de l'île de Courcoury, et le second, d'une largeur moyenne de 400 mètres, à son extrémité Ouest.

C'est par ces deux issues primitives, que les eaux de la Seugne s'écoulaient autrefois dans le bassin de la Charente. Quant aux autres canaux existant aujourd'hui, et qu'on nomme les écours de *Courcoury* et de *Gatebourse*, ils ont évidemment été creusés de main d'homme.

La pente générale de ce bassin vers le nord, est de 4/10 de millimètre par mètre au minimum, jusqu'à l'*Etier ferré*. A partir de ce point, elle devient beaucoup plus forte ; elle est environ de 2 millimètres par mètre.

Indépendamment de cette pente principale, ce bassin a une inclinaison latérale très-marquée vers l'Est. L'action des eaux sur les collines qui le bordent de ce côté, leur tendance à s'en rapprocher, et qui est indiquée par les nombreux écours qu'on remarque dans cette partie, le démontrent suffisamment.

Ce bassin est borné à l'Est par des coteaux dont les pentes sont raides et abruptes.

A l'Ouest, les collines ne présentent pas le même aspect. Les crêtes principales sont, en général, beaucoup plus éloignées du lit de la Seugne, et c'est par des pentes plus douces, par des plans d'une inclinaison moins prononcée, que leurs bases se relient aux prairies marécageuses dont elles faisaient évidemment partie, à une époque géologique peu éloignée.

Les collines placées à l'Est du bassin sont coupées, de dis
tance en distance, par des vallées étroites à leur débouché,
mais qui vont en s'élargissant dans leur partie supérieure.
Chacune de ces vallées recueille les eaux des pentes latérales et
des plateaux qui les couronnent. Elles les versent dans le bassin
de la Seugne, et presque constamment ces eaux se réunissent en
ruisseaux, dont l'origine, dans l'intérieur des terres, est marquée
par une source apparente dont l'écoulement est continu. Ces
ruisseaux sont au nombre de sept sur cette rive ; l'hiver et le
printemps, ils donnent une masse d'eau considérable, mais
l'été ils sont presque à sec, sauf celui de Chante-Grenouille,
près Pons, dont le cours, quoique faible, se maintient encore
pendant cette saison de l'année.

Indépendamment de ces eaux, dont le cours est apparent, il
en est d'autres qui se rendent aussi, mais par des voies souterraines, dans le lit de la Seugne. Quelques-unes se font voir au
moment de leur jonction avec son bassin. Elles s'échappent
alors des fissures horizontales du sol ; d'autres, et ce sont les
plus abondantes, forment ce qu'on appelle des *sources de fond*.
Elles s'élèvent perpendiculairement du sein des terres, et elles
sont ordinairement plus avancées dans les prairies, sans
cependant s'éloigner beaucoup de la terre ferme. Ces sources
qu'on nomme *Gours* dans le pays, probablement par corruption
du mot *gouffre*, ne gèlent jamais. L'hiver il s'exhale de leur
sein d'épaisses vapeurs. Le terrain qui les entoure est essentiel-
ment tourbeux et tremblant, et lorsqu'on le parcourt avec
vitesse, il ondule sous le poids de l'homme. Il en existe trois,
de très-remarquables sur la rive droite de la Seugne : elles sont
situées dans les prairies de Bougneaud, d'Auvignac et de Jarlac.

Les versans de l'Ouest commencent aux crêtes supérieures

des collines qui, depuis Pons jusqu'à Paban, suivent presque parallèlement le côté gauche de la route royale de Bordeaux à Nantes. Mais comme, en général, les vallées formées par ces collines sont, les unes fort peu développées en longueur, ainsi qu'on le remarque depuis Pons jusqu'à la Jard ; les autres extrêmement larges dès leur origine, comme celles de la Jard au Terrier-Blanc, et du Terrier-Blanc à Paban, et comme toutes enfin, au lieu de se rétrécir vers leur point de jonction avec le bassin de la Seugne, s'évasent au contraire considérablement à son approche, et se relient à lui par des pentes peu marquées, il s'en suit que les eaux qu'elles reçoivent directement, ou qui leur sont fournies par les plateaux qui couronnent leur sommet, ne se réunissent que difficilement à l'extérieur, qu'elles sont facilement absorbées par les terres, et qu'elles ne se rassemblent que dans les couches inférieures du sol.

Il résulte de là deux choses fort remarquables : c'est l'absence presque complète de ruisseaux apparens sur ce côté du bassin, et, par contre, des sources de fond très-abondantes. Nous ne trouvons ici, en effet, qu'un seul ruisseau, celui des Arènes ; mais, en revanche, nous y remarquons les deux belles sources de Fonlauraud et de Fonromand, dont la puissance est telle, qu'à leur sortie de terre, elles font chacune tourner un moulin.

La première reçoit les eaux de la vallée des Touches-de-Colombier ; — la seconde, celles de la vallée de la Jard.

On rencontre encore, dans les marais de la Jard, un petit plateau qu'on appelle les *Terrières*, dont le niveau dépasse de quelques centimètres celui des terrains environnans, et dont la surface est criblée de sources de fond ; on en compte au moins vingt.

Le volume des eaux de la Seugne s'augmente donc graduellement à mesure qu'on descend vers la partie inférieure de son bassin, et cette augmentation est due au moins autant au tribut que lui apportent les eaux souterraines, qu'à celui que lui versent ses affluens dont le parcours est apparent.

La craie forme le fond de ce bassin, dont la profondeur dépasse rarement dix mètres; ce fond n'est pas parfaitement égal; il présente parfois des ondulations assez prononcées, que l'œil ne peut pas découvrir sous les dépôts tourbeux et limoneux qui l'ont comblé, mais que la sonde révèle.

C'est à l'aide de la sonde que j'ai reconnu la nature de ces dépôts et leur ordre de superposition; je vais les décrire:

Assez régulièrement, près des hautes terres, la craie se trouve recouverte d'une couche de terre franche, de couleur grise blanchâtre, qui paraît former le prolongement de la couche arable qui recouvre aussi immédiatement la craie dans les terrains environnans; seulement cette terre n'est mélangée de petites pierres calcaires, que dans les parties voisines des hautes terres; quand on s'éloigne, elle devient parfaitement homogène, très-pure, et il me paraît évident que, dans ce cas, elle constitue tout simplement un dépôt vaseux, produit par les eaux pluviales qui ont dépouillé, dans l'origine, les terres plus élevées.

On ne trouve pas cette terre dans la partie centrale du bassin: là, l'action des anciens courans a décapé le terrain jusqu'au vif.

Sur cette couche de terre franche ou sur la craie, dans les endroits où elle manque, repose une couche de terre tourbeuse dont la couleur, de même que la consistance, varie souvent.

Quelques-unes de ces terres présentent, surtout dans les couches inférieures, l'aspect d'une tourbe légère, noire, sans mélange de débris apparens de végétaux; d'autres en contien-

nent au contraire une grande quantité , soit herbacés , soit
ligneux, et qui ont conservé leur forme, et presque leur consistance naturelle. Ces dernières sont ordinairement de couleur
rousse , mais elles se colorent promptement en noir , quand
elles restent exposées à l'air.

Les unes et les autres contiennent aussi, et à toutes les profondeurs , beaucoup de débris de petites coquilles du genre des
lymnées.

Ces tourbes se décomposent rapidement quand elles sont sou-
mises à l'action des agens atmosphériques ; elles forment bientôt
un terreau végétal qui devient pulvérent quand l'eau qu'il contient
lui est enlevé, mais qui, dans le cas contraire, et surtout quand on
lui fournit le calcaire qui lui manque , offre une grande puissance
de végétation.

C'est ainsi que se sont formées les terres noires, mais si fertiles,
de *Boivignac* , de la *Chucherie,* des *Monards* , et celles qui con-
stituent le sol des mottes de *Roanne* et des *Fragnées-de-Rabenne.*

Quelques années suffisent pour que cette décomposition soit
parfaite.

On peut s'assurer de ce fait en longeant les bords du bassin de
la Seugne : à chaque pas , on y rencontre de petits enclos couverts
de magnifiques légumes , et dont le sol supérieur est uniqueé-
ment formé par les terres tourbeuses extraites des fossés qui les
entourent. On acquerra encore mieux la connaissance de ce fait
en visitant les terrains que le sieur *Gouin* a enclos dans la commune de la Jard , tout près du plateau des Terrières. En 1842 ,
il a fait produire à une tourbe , à moitié décomposée, de beaux
légumes et des chanvres gigantesques.

Ces tourbes , en général , sont peu propres à servir de combu-
tible : elles contiennent une trop grande quantité de matière

terreuse. Cependant on en trouve de très-bonnes dans le bassin du petit ruisseau des *Arènes*, l'un des affluens de la Seugne, et dans les communes de la Jard et de Colombier.

La puissance de cette couche tourbeuse se modifie suivant les ondulations du sol sur lequel elle repose. Sa partie inférieure s'est moulée naturellement sur le fond du bassin qu'elle a comblé, tandis que sa surface extérieure a conservé, comme les eaux au milieu desquelles elle a été formée, un niveau parfait. Son épaisseur varie donc considérablement. Dans certaines parties elle atteint jusqu'à 8 et 9 mètres ; dans d'autres, et surtout au bord des hautes terres, elle dépasse à peine un centimètre.

Cette couche tourbeuse est recouverte, dans presque toutes les parties du bassin, par une couche de terre végétale, très-légère, très-perméable, mais se liant bien aux racines des herbes, et dont la couleur, d'une teinte rousse quand elle est humide, devient grise quand elle est desséchée.

Cette terre est composée de parties extrêmement ténues. Lorsque l'on en écrase quelques parcelles entre les doigts, elle se réduit assez facilement en poudre. On n'y rencontre ni pierres, ni cailloux, même de la dimension la plus minime, ni végétaux autres que les débris des racines des plantes qu'elle supporte. Seulement, elle contient beaucoup de coquilles semblables à celles des terres tourbeuses, et lorsqu'on la divise avec un instrument tranchant, sa coupe est brillante, ce qui indique la présence de l'argile sans laquelle elle n'aurait pas assez de consistance pour le support et la nutrition des plantes. Celles où l'argile domine sont aussi les meilleures.

L'épaisseur de cette couche terreuse, qui constitue le sol de nos meilleures prairies, et qui, semblable à un vaste plancher, repose à flot, en quelque sorte, sur la couche tourbeuse qui est

presque liquide , varie d'un mètre à 25 centimètres. C'est sur
les bords des écours de la Seugne , que les riverains appellent
*Chantiers* , que son épaisseur est la plus considérable. Sur
certains points, notamment dans le bas marais de Jarlac , dans
ceux qui longent la partie Sud de Courcoury et dans les marais
des *Breuils* , en amont de Courcion , son épaisseur diminue au
point qu'il n'est plus possible de la distinguer de la couche tourbeuse avec laquelle elle se confond.

Il m'a paru évident que la formation de cette couche terreuse
était le résultat des dépôts successifs que les eaux de la Seugne
font , chaque année , sur les terrains environnans , lorsqu'elles
dépassent les limites de leur lit naturel , au moment des crues
ordinaires de l'hiver , ou pendant les crues accidentelles de l'été,
époque où ces dépôts sont au surplus les plus abondans, parce
que les eaux qui les occasionnent sont presque toujours
torrentielles et agissent sur des terres pulvérentes.

J'ai cherché à me rendre raison de l'inégalité d'épaisseur
qu'on remarque dans cette couche terreuse , de son abondance
sur certains points, et de son absence , à-peu-près complète ,
sur d'autres.

Voici les idées que j'ai cru devoir adopter :

On sait que la pesanteur spécifique des matières terreuses que
transporte l'eau est plus considérable que la sienne , et que ces
matières ne sont déplacées et entraînées que par la force d'im-
pulsion qui est naturellement la suite de l'augmentation accidentelle de la masse des eaux et des différences de niveau qui en
résultent. Quand cette force cesse ou diminue , les lois de la
pesanteur reprennent le dessus et les dépôts ont lieu. Or , les
particules les plus lourdes doivent se déposer naturellement

les premières, et dès qu'elles sont sorties de la ligne du courant principal , les parties les plus légères sont portées au loin.

Si on admet cette théorie, on arrive facilement à se rendre raison des faits que je viens d'énoncer. Car, dans cette hypothèse, ce sont les dépôts les plus rapprochés des écours qui doivent être les plus abondans, et c'est ce qui a lieu. On se rend compte aussi de la couleur de cette terre de dépôt qui se rapproche beaucoup de celle des terres qui recouvrent les versans de la partie haute du bassin de la Seugne ; les versans de la partie inférieure sont tous recouverts d'une terre de couleur gris-blanc dont le mélange a bien modifié, sur certains points, notamment dans les communes de Colombier et de la Jard , la couleur rousse du dépôt terreux , mais sans la faire disparaître entièrement.

Telle est la nature et la position relative des terres qui ont comblé le bassin crayeux où coule la Seugne. Ce bassin se relie, ainsi que je l'ai dit plus haut, par les deux cols de la Fossade et de l'Étier-Ferré, à celui de la Charente dont la composition géologique et les produits sont si différens.

C'est la mer actuelle qui a déposé dans le bassin de la Charente la couche d'argile marine ou *bri bleu* qui l'a comblé. Or , ce dépôt diffère essentiellement de ceux qui ont rempli le bassin de la Seugne , et qui, évidemment, sont dus à l'action des eaux douces.

Autant ces derniers sont poreux, légers, perméables , faciles à diviser, autant l'argile marine est compacte, homogène , imperméable.

Cette argile est bien recouverte d'une couche terreuse qui ressemble beaucoup à celle de la Seugne , et dont la formation est due aux mêmes causes; mais on comprend facilement quelle différence la nature de deux sous-sols si dissemblables , doit apporter dans la qualité et l'abondance des produits.

Ainsi , les sources de fond manquent complètement dans le bassin de la Charente. Les eaux du fleuve descendues à l'étiage, à un niveau inférieur à celui de la couche terreuse, et contenues dans un lit dont les berges sont imperméables , ne peuvent plus fournir aux prairies l'humidité dont elles ont besoin, et souvent, dans les années sèches, la récolte des foins est compromise.

Jamais cet inconvénient n'a lieu dans le bassin de la Seugne ; la couche supérieure est toujours suffisamment humectée par le contact de la tourbe qui va chercher dans les écours, et qui lui transmet continuellement, l'humidité nécessaire pour remplacer celle que l'action des vents et du soleil lui enlève. Aussi la végétation est-elle admirable de force et de fraîcheur dans les prairies de la Seugne, qui n'ont qu'une chose à craindre : une humidité excessive.

Mais en revanche , leurs foins sont inférieurs en qualité à ceux de la Charente. Ceux-ci sont infiniment plus savoureux , plus aromatiques et plus nourrissans.

Ces différences m'avaient singulièrement surpris. J'étais étonné surtout de ne pas rencontrer le bri dans le bassin de la Seugne et sur des points dont le niveau était bien inférieur à ceux que la mer a recouverts dans le bassin voisin. Car on trouve les dépôts marins dans le bassin de la Charente à une grande distance en amont des embouchures de la Seugne. Ils remontent bien au-dessus de Cognac et on les rencontre dans le *Né*, affluent de la Charente , jusqu'à la hauteur de l'ancienne abbaye de la *Frenade*.

Je savais bien que la mer, à chaque marée, remonte le long des plans inclinés, sans arriver, il s'en faut de beaucoup, à un *étal* parfait. Mais il m'était impossible de découvrir, de prime abord, les causes qui l'avaient empêchée de pénétrer dans le bassin de la Seugne et d'en occuper les parties les plus basses.

J'ai donc étudié ce bassin avec beaucoup de soin, afin de me rendre raison des faits que je viens d'indiquer, et j'ai reconnu, avec une profonde surprise, que dans la partie inférieure, vers l'extrémité Ouest de l'île de Courcoury, son fond se relevait et formait une sorte de bourrelet ou barrage naturel qui l'avait isolé complètement du bassin de la Charente, à l'époque géologique où la mer occupait ce dernier bassin et y déposait l'immense couche de bri ou argile marine qui l'a comblé.

Il est facile de prouver ce fait :

La Seugne se décharge aujourd'hui dans la Charente par quatre issues : ce sont les cours d'eau de *Courcoury*, de *Gatebourse*, de *Chante-Merle* et de la *Digue* ou de *Roanne*.

Les deux premiers sont évidemment creusés de main d'homme. Pour établir celui de Courcoury, il a fallu ouvrir, à travers les hautes terres de l'île, une immense tranchée, profonde de huit ou dix mètres. C'est, selon toute apparence, un travail effectué par les anciens habitans de l'île, ou par les Romains qui trouvèrent, dans cette langue de terre, entourée des eaux de la Charente et de celles de la Seugne, une magnifique position militaire.

Le second, ou de *Gatebourse*, a été creusé dans la terre ferme de l'extrémité Ouest de l'île de Courcoury, à un niveau supérieur à celui des prairies.

Les deux moulins alimentés par ces écours, sont situés : le premier, à 700 mètres du lit de la Charente ; le second, à

800 mètres. Le seuil de leurs vannes mouloires est à trois mètres, au moins, au-dessus du niveau des eaux du fleuve à l'étiage. Les eaux qui s'en échappent roulent donc, celles du premier surtout, comme des torrens sur une pente de près de quatre millimètres par mètre.

Les deux autres écours de *Chante-Merle* et de la *Digue* sont naturels. Le premier est évidemment plus élevé que l'autre, mais sa pente est néanmoins très-forte. La pente du second est de près de deux millimètres par mètre.

Maintenant, le dépôt de bri indique les limites où la mer s'est arrêtée, et, à peu de chose près, le niveau qu'elle avait autrefois dans le bassin de la Charente.

Or, à la Fossade où l'écours de *Chante-Merle* est creusé dans la banche crayeuse, on ne trouve pas la plus légère trace de bri. On ne le rencontre qu'à l'extrémité Nord du col, à 900 mètres en aval du moulin de *Chante-Merle*. Si la mer a pénétré dans le bassin de la Seugne, ce n'est donc pas par cette issue. C'est là la première idée qui m'a frappé. Mais comme cet écours est situé à près de 5,000 mètres de distance de l'écours de la *Digue* ou du col de l'*Étier-Ferré* et à un niveau bien supérieur, je regardais comme possible l'introduction de la mer dans le bassin de la Seugne par cette dernière issue.

J'ai donc fait faire le sondage du marais, depuis la *Fossade* jusqu'à l'entrée du col de l'Étier-Ferré, afin de m'assurer de ce fait, et je n'ai rencontré de bri nulle part.

Mais en continuant mon opération, et une fois arrivé à la hauteur du village des Grois, j'ai trouvé le bri à une profondeur de deux mètres. Il reposait sur la craie et était inférieur à la couche tourbeuse qui, elle-même, se trouvait recouverte par la couche de terre végétale dont j'ai parlé plus haut.

À 1,500 mètres plus haut, vers le Sud, en aval du moulin de Courcion, et à la tête du pré *Chapitre*, j'ai percé 4 mètres 50 centimètres de terre végétale et de tourbe, sans rencontrer ni le bri ni la craie.

La distance, entre les deux points où la sonde a pénétré aux Grois et au pré *Chapitre*, étant de 1,500 mètres, et la pente, au maximum d'un 1/2 millimètre par mètre, il en résulte qu'entre le premier point et le second il y a, après avoir déduit 75 centimètres pour la pente générale du sol, une différence de niveau de 1 mètre 75 centimètres.

Or, si les eaux de la mer, qui ont déposé le bri à la hauteur des Grois, n'avaient pas rencontré d'obstacles, elles se seraient répandues jusqu'au point du pré Chapitre, atteint par la sonde, et elles y auraient aussi déposé une couche d'argile marine. Il n'en a pas été ainsi. J'étais donc amené naturellement à cette conséquence qu'il existait, entre ces deux points, un renflement du sol qui avait isolé le bassin de la Seugne de celui de la Charente, et qui n'avait pas permis à la mer d'y pénétrer. La sonde m'a révélé ce fait.

Ce barrage n'est, au surplus, que le prolongement de l'île de Courcoury qui, semblable à une immense chaussée, sépare les deux bassins dans la direction de l'Est à l'Ouest.

Le bassin de la Seugne a donc formé, dans l'origine, une sorte de lac, un vaste étang, dont les cols de la *Fossade* et de l'*Étier-Ferré* formaient les vannes de décharge.

Ce barrage naturel empêchait les eaux de la mer d'y pénétrer; mais, d'autre part, il formait aussi obstacle à l'écoulement de celles de la Seugne, qui devaient être gênées, en outre, par le mouvement alternatif des marées.

Ces eaux durent, pendant de longs siècles, rester presque

stagnantes dans le bassin que la nature leur avait creusé. Cette stagnation favorisa prodigieusement le développement des plantes aquatiques, et leurs débris, se mêlant aux dépôts limoneux que les eaux descendant des hautes terres amenaient constamment dans le fond du bassin, celui-ci dut se combler graduellement, et la couche tourbeuse prit à la longue la place des eaux stagnantes. Cette œuvre des eaux fut, comme elles, soumise à la loi constante du niveau. Mais peu-à-peu elle dépassa celui des eaux communes, et, arrivée à ce point, la couche supérieure du dépôt subit les influences atmosphériques, elle prit plus de consistance et elle devint, avec le temps, une terre végétale qui s'enrichit, chaque année, des nouveaux dépôts que lui apportent les crues périodiques de la Seugne.

C'est de ce moment qu'on doit faire dater la formation de la couche de terre grise que j'ai indiquée comme recouvrant la tourbe.

Sans doute, avant cette époque, les dépôts terreux qui l'ont produite avaient lieu comme aujourd'hui. Mais alors constamment submergés, isolés de tout contact avec l'air, ils se perdaient dans les résidus tourbeux dont le volume dépassait considérablement le leur, et ils ne pouvaient pas former, comme ils l'ont fait plus tard, des couches nettement tranchées et qui ont conservé leur caractère à part.

Ce que je viens de dire ne paraîtra pas une pure hypothèse à ceux qui ont étudié les bassins marécageux ; ils savent que le niveau du sol dans ces bassins s'exhausse continuellement. Pour eux la question de savoir si ces bassins se combleront un jour, n'est donc qu'une question de temps, car le tribut que leur apporte les hautes terres, est un tribut constant, régulier, et qui leur est aussi invariablement acquis que les causes physiques qui le produisent, sont elles-mêmes invariables dans leurs effets.

Ces dépôts qu'une nature prévoyante tient peut-être en réserve, et qui doivent leur double origine à la destruction périodique des plantes marécageuses, et aux parties terreuses qui sont détachées des terrains supérieurs, amènent graduellement des changemens marqués dans le niveau relatif des diverses parties des bassins de nos rivières, et par suite dans l'assiette des écours. Lorsqu'un obstacle quelconque vient entraver la marche des eaux, et ne leur permet plus de recreuser leur lit à chaque crue, ce lit entier tend à s'élever sous l'influence des deux causes réunies que je viens d'indiquer, et si ce travail de la nature n'était pas contrarié par la main de l'homme, il est évident qu'après avoir ainsi exhaussé cette partie de leurs bassins, ces eaux quitteraient le lit qu'elles auraient comblé et iraient s'ouvrir de nouvelles issues dans les parties basses où elles continueraient leur œuvre si lente dans sa marche, mais dont les résultats sont assurés, puisque le temps les garantit.

Ces changemens sont fréquens dans le lit des fleuves. Les bassins de la Charente, de la Sèvre, de la Boutonne, si nous en croyons du moins la tradition, nous en fournissent des exemples.

Je n'ai certainement pas la prétention d'indiquer d'une manière précise, l'époque géologique à laquelle remontent les premiers dépôts tourbeux qui se sont faits dans le bassin de la Basse-Seugne.

Je crois cependant que cette époque n'est pas extrêmement ancienne, et que les derniers dépôts au moins sont postérieurs à la présence de l'homme sur les rives de la Seugne. En voici la preuve :

La mer actuelle qui baigne les côtes de la Saintonge, s'est retirée graduellement devant les dépôts qu'elle fait journellement, et probablement aussi par suite d'un lent changement dans le niveau de ses eaux dont il ne m'appartient pas de rechercher les causes.

Dans le bassin de la Charente, à l'écluse de la *Baine*, et à plus de 2,000 mètres en amont du point occupé par le village des Grois, on a trouvé dans le bri, à 7 ou 8 mètres en contre-bas du sol, des ossemens de cerf et un vase en terre *(ou mocq)*, qui conservait encore les traces du feu devant lequel on l'avait placé pour la cuisson des alimens.

Aux Grois, et à un niveau bien inférieur à celui de *la Baine*, j'ai trouvé, en brisant un échantillon d'argile marine, que m'apportait la sonde, des morceaux de charbon provenant évidemment de la combustion de végétaux ligneux.

Je conviens que ce fait isolé n'aurait rien prouvé, quant à l'hypothèse que j'ai hasardée, car la combustion du bois qui a produit ce charbon, aurait pu être le résultat d'une cause accidentelle, d'un coup de foudre, par exemple, plutôt que la suite d'un acte de l'homme. Mais, étant rapproché des deux faits que je viens de citer, il donne, il faut en convenir, une grande apparence de vérité à cette hypothèse.

Or, si les rives de la Charente avaient des habitans à l'époque où le vase en terre de la *Baine* et le morceau de charbon des *Grois* ont été déposés sur le bri, dont les couches successives se sont élevées ensuite à 7 mètres de hauteur sur le premier point, et à 3 mètres sur le deuxième, il me paraît évident, *à fortiori*, que l'homme a été au moins contemporain de la formation des dernières couches tourbeuses et terreuses qui ont comblé le bassin de la Seugne, puisque ces couches sont superposées au bri qui contenait et la poterie et le charbon dont je viens de parler.

Les terrains marécageux marchent donc constamment vers un état graduel d'amélioration; et, dans un temps donné, la nature, abandonnée à elle-même, achèverait son œuvre sans le concours de l'homme. Elle convertirait ces bassins tourbeux en de riches prairies, en exhaussant le sol par des dépôts continuels, et en maintenant les eaux dans leur lit par des berges solides.

Mais, si l'homme attendait que cette œuvre si lente fût complètement achevée, il perdrait, pendant de longs siècles, la jouissance des produits de ces riches terres. Sans doute, il est pour les terrains marécageux, comme pour toutes les formations géologiques, des époques nettement caractérisées. Si des travaux étaient faits trop hâtivement et avant le moment, qu'on me permette ce mot, de *la maturité du marais,* avant le moment où les dépôts tourbeux auraient subi les modifications chimiques nécessaires pour que leur conversion en terreau végétal devienne facile, ou acquis assez de consistance pour n'éprouver qu'un tassement peu sensible lors du retrait des eaux, il est clair que ces travaux seraient effectués en pure perte. Mais aujourd'hui, en France du moins, il est bien peu de bassins marécageux qui ne soient pas arrivés à un état tel, qu'on doive attendre de longues années pour en effectuer le desséchement.

Dans tous les cas, nous n'avons rien à craindre pour celui de la Seugne puisque la tradition, d'accord avec les termes de l'arrêt du Conseil d'État du 17 avril 1755 et l'examen des anciens titres de propriété, établissent nettement que nos marais ont autrefois formé de bonnes prairies, et que d'ailleurs il est si facile d'indiquer les causes de leur détérioration actuelle.

## § II.

### DESCRIPTION DES ÉCOURS DE LA SEUGNE.

Parmi les écours de la Seugne, les uns sont naturels, les autres artificiels.

La position des premiers, leur origine, leur direction, sont dues à la disposition générale et particulière du bassin marécageux, et à l'action des eaux de la Charente sur celles de la Seugne, au confluent des deux rivières.

Ce bassin présente parfois un plan parfaitement égal ; alors les eaux coulent à sa surface, sans être sollicitées à se diriger plutôt sur un côté que sur l'autre.

Souvent, au contraire, cette surface se compose de plans dont les niveaux sont différens. Dans ce cas, les eaux suivent ces ondulations du terrain, et tantôt elles se divisent, tantôt elles se réunissent pour se diviser encore à une centaine de mètres plus loin.

Parfois, enfin, les écours occupent les lignes culminantes du bassin.

Ce fait étonne au premier abord, mais on s'en rend facilement raison, quand on se rappelle ce que j'ai dit au sujet des dépôts limoneux que les eaux de la Seugne font annuellement sur leurs rives. Ces dépôts forment des levées naturelles, qui maintiennent les eaux dans leur lit, quoique leur niveau soit souvent plus élevé que celui des parties latérales du marais. Le plus ou le moins d'épaisseur de ces levées ou *chantiers*, est un indice certain du plus ou moins d'ancienneté des écours, et c'est fréquemment à ce signe, que j'ai reconnu les écours naturels de la Seugne, et que j'ai pu les distinguer des écours artificiels.

Quant à l'action des eaux de la Charente sur celles de la Seugne, et à l'influence que cette action a exercée sur la formation des différens bras de cette rivière, elle est également évidente.

Le confluent des deux rivières a lieu presque à angle droit; il est *dur* en terme d'hydraulique : la masse des eaux de la Charente est incomparablement plus forte que celle des eaux de la Seugne. Cette supériorité, qui existe en tout temps, est encore plus marquée dans les grandes crues de l'hiver. Les eaux du fleuve ont donc naturellement arrêté, ou ralenti du moins, la marche de son affluent. Or, les eaux de la Seugne ainsi refoulées, ont dû faire effort sur les parois de leurs écours; et, comme dans l'origine surtout, ces parois manquaient de solidité, puisque le sol était composé d'une tourbe presque liquide; on comprend que les eaux, ainsi comprimées, soient parvenues à les rompre et à s'ouvrir latéralement de nouveaux bras.

On trouve la preuve de ce que j'avance, en examinant le bassin de la Seugne dans sa partie inférieure. C'est là, aux approches de la Charente, que l'action des eaux de ce fleuve était naturellement la plus puissante, et c'est là aussi où nous trouvons les écours les plus tortueux et les plus multipliés.

Mais la main de l'homme est encore venue en aide à ces causes naturelles pour augmenter la division des eaux.

La pente du terrain était trop faible pour permettre d'asseoir les usines sur les écours naturels de la Seugne. On a pris le parti de les barrer de distance en distance par des chaussées, et de faire déverser les eaux, ainsi exhaussées, vers les hautes terres, à l'aide de canaux artificiels qui, en général, forment un angle de 45 degrés avec les vieux lits de la rivière, que les riverains appellent *Etiers-Morts*, parce que le cours des eaux y est à peu près interrompu.

Il existe enfin dans le bassin de la Seugne de nombreux canaux, les uns parfaitement conservés, les autres à moitié comblés, qui ont évidemment été creusés à des époques plus ou moins éloignées de nous, pour le desséchement des marais, mais sans que rien ait pu me faire découvrir s'ils se rapportaient à un plan complet et d'ensemble. Plusieurs de ces canaux artificiels pourront être utilisés lors des travaux de desséchement. Dans le pays, on les appelle *Rouilles*, quand l'eau y marche avec vitesse, et *Nolles*, quand elle y est à-peu-près stagnante

Il résulte de cet état de choses, un singulier mélange d'écours naturels et de canaux artificiels qui se croisent de cent manières, et qui présentent à l'œil un réseau aux mailles serrées et multiples.

Les premiers sont remarquables par leur direction tortueuse, les seconds forment au contraire presque constamment des lignes droites.

Je vais les décrire avec détail, en indiquant à mesure s'ils appartiennent à la première ou à la seconde classe. Cette description sera longue, mais elle est d'une trop grande importance pour l'intelligence du plan de travaux que j'aurais à proposer plus tard, pour que je puisse me dispenser de la faire.

Après avoir dépassé la ville de Pons, et à 150 en aval, les eaux de la Seugne se réunissent dans un seul lit qui, à 1,200 mètres plus loin, se divise en deux bras, dont l'un, celui de la droite, alimente le moulin de *Constant*, et l'autre, celui de la gauche, le moulin de *Lavergne*.

A 100 mètres de ces moulins, les eaux se réunissent encore, mais pour se diviser presque aussitôt en deux bras, l'un naturel, l'autre artificiel.

Le premier est l'ancien lit de la Seugne. Il forme un canal large et extrêmement profond, qu'on appelle l'*Etier-Mort de Lavergne*, et il se dirige vers le Nord, en longeant l'île de *Malétier* pendant mille mètres à-peu-près.

Arrivé au point qu'on nomme le *Clousil* (ou autrement dit l'*Ecluse*) il est barré par la chaussée de *Châteaurenaud*, et la majeure partie de ses eaux, contenues par la chaussée, dérivent vers le moulin par un canal artificiel, qui formait, dans l'origine, la seule prise d'eau de cette usine.

Le second constitue la nouvelle prise d'eau établie pour augmenter les moyens d'alimentation du moulin; il cotoie la partie Est de l'île de Malétier, et, à son extrémité Nord, il réunit ses eaux à celles du bief primitif du moulin.

Le vieux lit de la Seugne, au point du *Clousil*, touche presque aux hautes terres. Il reçoit les eaux qui s'échappent à travers la chaussée de Châteaurenaud, et se dirige ensuite vers le Nord', en coupant diagonalement le bassin jusqu'au point appelé *Port-Barreau*, où il joint de nouveau les hautes terres, après avoir reçu, en aval de *Sermadelle*, les eaux qui ont alimenté le moulin de Châteaurenaud, et qui sont rendues à leur ancien lit par un canal artificiel qui rase le pied des collines de l'Est.

Depuis le *Clousil* jusqu'au *Port-Barreau*, l'ancien lit de la Seugne occupe presque constamment la ligne culminante du bassin. Entre ces deux points, les prairies forment à droite et à gauche, mais de ce côté surtout, deux plans inclinés qui s'abaissent latéralement vers les hautes terres.

Arrivées au Port-Barreau, les eaux de la Seugne se divisaient autrefois naturellement en deux bras principaux, qui se rejoignaient à 1,800 mètres plus loin, à l'extrémité de l'île de *Néqueuse*. Mais l'ancien écours a été barré pour l'établissement des moulins d'Auvignac et du Gua. Et, aujourd'hui, un canal artificiel reçoit une partie de ces eaux, pour les porter au premier moulin en aval duquel elles rejoignent immédiatement leur ancien lit; un autre canal, mi partie naturel, mi partie artificiel, conduit l'autre portion des eaux au moulin du Gua, et après avoir passé sous ses roues, elles rentrent aussi dans l'ancien écours.

A la pointe Nord de l'île de *Néqueuse*, les eaux coulaient autrefois dans le même lit, pendant 300 mètres à-peu-près, jusqu'à l'extrémité Sud de l'île dite *Entre les eaux*. Là, elles se divisaient encore en deux bras naturels, qui cotoyaient l'île à l'Ouest et à l'Est, et se réunissaient ensuite à son extrémité Nord, au lieu appelé les *Mottes*.

Aujourd'hui, l'un des anciens écours, celui de droite, a été barré pour faire déverser les eaux sur le moulin de Mérignac, à l'aide de deux canaux artificiels qui en rendent ensuite une partie à l'ancien écours, à 350 mètres en aval du moulin. Le surplus se déverse dans un canal artificiel, qui longe les terres jusqu'à la *Sablière*, et qui tourne ensuite à gauche pour rejoindre l'ancien lit.

L'autre écours, celui de la gauche, a été redressé autant que j'ai pu en juger par l'inspection des lieux, et dirigé sur Colombier dont il alimente le moulin; il reçoit, en amont de l'usine, les eaux de la belle source de *Fontlauraud*.

Depuis le Port-Barreau jusqu'aux moulins de Colombier et de Mérignac, le bassin de la Seugne offre une largeur moyenne de 1,000 mètres. Il forme un plan qui s'abaisse également vers le Nord, mais qui ne paraît pas avoir d'inclinaison latérale très-marquée, si ce n'est cependant dans la prairie d'*Entre-deux-Monts* ; aussi les eaux s'étendent presque indifféremment sur sa surface, et vont avec une égale facilité d'un bord du bassin à l'autre. Seulement on remarque que leur marche est plus rapide dans les écours de l'Est que dans ceux de l'Ouest, et les moulins situés de ce côté valent mieux que ceux établis de l'autre.

A la suite des moulins de Mérignac et de Colombier commencent les grands marais à *rouche*, qui se prolongent jusqu'à Courcoury.

Depuis les Mottes jusqu'à la fosse des *Trat*, à 1,700 mètres plus loin, les eaux de la Seugne coulent réunies dans un seul canal large, profond et qui occupe à-peu-près le centre du marais. A ce point, les eaux se divisent en deux bras principaux. L'un se dirige presqu'en ligne droite vers la pointe Sud du pré des *Portes*, qu'il atteint à 3,200 mètres de distance en passant sous les roues des moulins de Rabaine et de Courcion, et après avoir reçu les eaux du ruisseau de *Fonlauraud*, qui traverse le marais dans la direction de l'Ouest à l'Est.

L'autre se dirige obliquement vers l'Est, en suivant la pente latérale du bassin jusqu'à Jarlac où il se bifurque comme je le dirai plus loin. On l'appelle l'*Étier-de-Crèvecœur*. Je le crois naturel. Mais il a été évidemment redressé de main d'homme. L'un des anciens lits de la Seugne, appelé la *Nolle-Noire*, traversait obliquement les marais de Jarlac, depuis la Sablière jusqu'aux *Gours* de Jarlac ; il est entièrement comblé aujourd'hui, et c'est à peine si on peut en reconnaître l'assiette.

Le premier des écours, dont je viens de parler, déverse latéralement aussi une partie de ses eaux vers l'Est par deux canaux artificiels, l'un situé à l'arrière du moulin de *Rabaine* et qu'on appelle l'*Étier-du-Canton-de-Laubrade*; l'autre, placé à 700 m. plus loin, qu'on appelle la *Rouille-de-la-Chaume*, et par deux écours naturels nommés la *Rouille-du-Traitrau* et l'*Étier-de-la-Vergnée*, et qui sont situés : le premier à 600 mètres, et le second à 450 mètres en amont du moulin de Courcion.

Le second canal, que j'ai appelé l'*Étier-de-Crèvecœur*, une fois arrivé près de Jarlac, jette, en passant, une partie de ses eaux vers l'Ouest, dans l'écours appelé la *Reganne*. A 250 m. plus bas, il reçoit les eaux des fossés de ceinture des grands marais de Jarlac et de Montils, et il continue à se diriger ensuite vers le Pas-de-la-Fossade par un canal naturel, qui a été barré pour faire déverser les eaux dans un bief artificiel qui cotoie les hautes terres et qui alimente le moulin de Crèvecœur.

A partir de la Fossade, les eaux de cette branche de la Seugne coulent dans un lit que je regarde comme naturel et comme ayant servi de canal de décharge, surtout pendant les hautes eaux, à l'ancien lac dont j'ai parlé plus haut. Ce lit occupe le fond du léger pli ou dépression de terrain qui sépare l'extrémité Est de l'île de Courcoury des terres de Saint-Sever. A 1,600 m. plus loin, après avoir alimenté le moulin de *Chante-Merle*, les eaux de cet écours rencontrent le bassin de la Charente. Elles changent alors de direction ; et, par un canal naturel, extrêmement tortueux et qui se détourne vers le Nord-Ouest, elles débouchent dans la Charente en amont du point où est établi le barrage de la *Baine*, et à 5,200 mètres de distance de la *Fosse-des-Trat*.

C'est auprès de Jarlac qu'on remarque un changement assez prononcé dans l'inclinaison latérale du bassin de la Seugne. Les eaux de la *Reganne* suivent cette nouvelle pente. Elles coulent d'abord de l'Est à l'Ouest par un écours naturel qui coupe transversalement le bassin de la Seugne, puis, arrivées à une certaine distance, à 600 mètres environ de Jarlac, elles changent brusquement de direction en prenant un canal qui paraît naturel, mais qui a été redressé. Ce canal tourne à angle droit vers le Nord et arrivé au lieu appelé le *Canton de-Laubrade*, il réunit ses eaux à celle des écours, soit naturels, soit artificiels, dont j'ai parlé plus haut, et qui descendent de l'écours principal qui alimente les moulins de *Rabaine* et de *Courcion*. Ces eaux se dirigent ensuite vers le pré des *Portes* par l'écours naturel appelé le *Jard*. Mais là elles rencontrent une énorme chaussée qui les fait déverser presque en totalité sur les moulins des *Grois* et de *Courcoury*. Elles se jettent ensuite dans la Charente, à 700 mètres en aval de ce dernier moulin et à 6,000 mètres de distance de Jarlac, après avoir traversé l'île de Courcoury par un canal artificiel, établi dans une profonde tranchée qui a été creusée à une époque très-reculée.

Les eaux descendant des moulins de Rabaine et de Courcion, se réunissent, en aval de ce dernier et au pré des *Portes*, à celles qui s'échappent de l'extrémité Ouest de la chaussée du moulin des *Grois*, et elles s'écoulent ensuite dans un canal unique de 250 mètres de long jusqu'à la pointe Nord du pré *Chapitre*.

Là, les eaux de la Seugne se divisent encore en deux bras principaux.

Celui de droite, creusé par la nature dans plus de la moitié de son cours, artificiel ensuite, alimente les moulins du *Gua*, de *Courcoury* et de *Gatebourse*, et se jette dans la Charente, à 800 mètres en aval de ce moulin et à 3,600 mètres de son point de départ. Cet écours est au niveau du marais jusqu'à 400 mètres environ en amont du moulin du *Gua*. Mais ces eaux ont été relevées ensuite pour l'usage des deux usines qu'il alimente, et il en résulte un grand préjudice pour le marais.

L'écours de gauche reçoit les eaux des marais de l'*Anglade* et fournit celles nécessaires aux moulins de *Courpignac* et de *Rouane* ; il se jette ensuite dans la Charente, à 1,600 mètres en aval de ce dernier moulin, et à 4,600 mètres du pré *Chapitre*.

Cet écours est naturel depuis le pré Chapitre jusqu'à 850 m. au-dessous. Là, ses eaux dérivaient vers la droite et elles suivaient l'ancien lit de la Seugne, qu'on appelle la *Seugne-Marau*, et qui occupe le milieu et la partie la plus basse du *col* par lequel le bassin de la Seugne se réunit à celui de la Charente ; mais pour l'alimentation du moulin de *Courpignac*, on a barré cet écours et on a creusé le canal artificiel qui conduit les eaux au moulin.

Les deux écours artificiels du *Gua* et de *Courpignac* occupent donc, depuis le pré Chapitre, les deux côtés du col ou seconde vanne de décharge de l'ancien lac, tandis que l'écours naturel en occupe le centre et parallèlement avec eux. Le niveau de ce dernier est bien inférieur au leur, et si les barrages qui empêchent ou qui gênent les communications entre eux étaient enlevés, toutes les eaux afflueraient dans le lit de la *Seugne-Marau* et les deux usines dont je viens de parler ne pourraient plus marcher. Ce fait est très-important. J'y reviendrai plus tard.

En aval de Courpignac et du Gua, il existe un canal transversal qui coupe le col à angle droit, en se dirigeant de l'Est à l'Ouest, et qu'on appelle l'*Étier-Ferré*.

Cet Étier-Ferré est tout simplement un chemin long de 450 m. et destiné à établir des communications entre l'île de Courcoury et les terres situées à l'Ouest. Sur ce point, le col est très-étroit. Le bri s'y rencontre à une petite profondeur et il a été facile d'y établir un pavé solide. Aussi cette singulière voie sert-elle à deux fins. L'hiver on la parcourt en bateau, et l'été les charrettes et les cavaliers peuvent s'en servir pour passer d'une rive à l'autre. Je suis convaincu que l'*Étier-Ferré* faisait partie de l'ancienne voie romaine qui se dirigeait de Saintes sur Périgueux, en traversant l'île de Courcoury. On en remarque encore des restes à son extrémité Est où elle traversait, à gué, l'écours de Chante-Merle, auprès du village des Frugiers. Delà elle se dirigeait, en suivant la rive gauche de la Charente, vers le *Né*, où un gué était également établi au port de *Jappe*, vis-à-vis de l'ancienne abbaye de la Frenade. On trouve encore des restes de cette voie dans les communes de Saint-Sever, Rouffiac, Brives et Pérignac. Elle est connue dans le pays sous le nom du *Chemin-Boiné* ou de la *Voine*, probablement par corruption du mot latin *Via*.

Quoi qu'il en soit, et au point de vue qui me préoccupe, l'Étier-Ferré forme une sorte de barrage submersible ou plutôt de bassin à niveau égal qui peut servir à régler et à diriger, en aval, vers le point où on le jugera convenable, les eaux que lui apportent les écours dont j'ai parlé plus haut. Les eaux y sont en effet sans mouvement sensible, et elles se portent tantôt à droite, tantôt à gauche, suivant les variations qu'éprouve le niveau des écours inférieurs.

L'écours de la Seugne-Marau se continue à la suite de l'Étier-Ferré qu'il coupe vers le milieu, par un canal naturel très-tortueux, et qu'on nomme par suite la *Digue-Torse*.

4

A 250 mètres en aval de l'Étier-Ferré, ce canal se divisait autrefois et naturellement en deux bras.

L'un, celui de gauche, qu'on appelle l'*Étier-Fagnard*, prend sa direction vers l'Ouest. Il a été probablement redressé dans sa partie moyenne et remplacé par un canal artificiel pour l'établissement du moulin de *Rouane*, car on le retrouve dans son état naturel à la suite de cette usine. Enfin, après avoir décrit un grand nombre de courbes et avoir reçu les eaux du ruisseau des Arènes, qui arrose un bassin marécageux dépendant du syndicat, il se jette dans la Charente, à 1,550 mètres en aval du moulin, en déversant une faible partie de ses eaux vers l'Ouest, par un canal appelé la *Vieille-Seugne*, et qui joint la Charente vis-à-vis de Saint-Sorlin.

L'autre, celui de droite, se dirigeait obliquement vers l'Est. Il était extrêmement tortueux aussi, mais, aujourd'hui, il est entièrement comblé dans les deux tiers de son étendue. Cette partie est remplacée par un nouveau canal qu'on appelle la *Digue-Droite*, et qui rejoint ensuite l'ancien lit, à 1,200 mètres en aval de *Rouane*.

Les eaux coulent dans le canal de la *Digue-Droite* avec une vitesse étonnante ; et si un barrage, établi à sa tête dans de bien mauvaises conditions il est vrai, n'existait pas, la majeure partie des eaux qui se dirigent sur le moulin de *Rouane* suivraient cette voie, et les roues de l'usine cesseraient à l'instant de tourner.

Cet écours, qui n'est que la suite de la *Seugne-Marau*, et qui formait la dernière partie des travaux entrepris par le maréchal d'Albret, se trouve indépendant des moulins. Il deviendra inévitablement l'artère principale du desséchement, et c'est sur la ligne qu'il occupe, et en prenant pour point de départ le pré *Chapitre*, que devra être établi, selon toutes probabilités, le canal de décharge qui transportera à la Charente les eaux surabondantes du marais.

Telle est la disposition générale des écours apparens de la Seugne, et je dis apparens avec intention, car il est hors de doute qu'il existe dans le bassin marécageux des écours souterrains dont il est impossible d'apprécier nettement la situation. On voit donc que les eaux de cette rivière, rassemblées d'abord par la nature dans un large et profond canal de plus de 4,000 mètres de développement, après s'être partagées en deux bras principaux de 5,500 m. chacun, se réunissaient ensuite depuis les *Mottes* jusqu'à la *Fosse-des-Trat*, pendant un parcours de 1,700 mètres, pour se diviser définitivement en deux branches, dont l'une portait une partie de ses eaux à la Charente par le col de la *Fossade* et à 8,000 m. de distance de son point de départ, et dont l'autre dirigeait toutes les siennes vers le fleuve en passant par l'*Étier-Ferré* et à 5,000 mètres en aval de la *Fosse-des-Trat*.

Les faits de l'homme ont modifié en partie l'état primitif des lieux. Mais il est facile de comprendre combien les indications, que nous a fournies l'étude que nous venons de faire, sont importantes et nous deviendront utiles lorsque nous aurons à proposer les moyens à employer pour obtenir l'écoulement des eaux.

Il me reste à faire, au point de vue général, deux remarques essentielles.

La première, c'est que les prairies situées en aval ou au Nord des écours qui coupent transversalement le bassin, sont toujours bonnes, tandis que celles situées au Sud sont régulièrement de qualité inférieure.

J'ai attribué ce fait très-remarquable, à ce que les eaux de ces écours transversaux, qui suivent les pentes latérales ou secondaires du bassin, forment obstacle à l'écoulement des eaux des crues qui descendent vers le Nord en suivant la pente générale du bassin et les obligent à séjourner sur les prairies situées en amont , tandis que , par contre , elles chassent celles qui sont en aval et les remplacent continuellement par des eaux pures. Il en résulte que l'eau ne croupit jamais sur ces prairies situées en aval et que les bonnes herbes y croissent sans obstacle.

Un changement de direction dans ces écours transversaux serait donc une chose extrêmement utile.

M. l'ingénieur indiquera ce qu'il conviendra de faire à ce sujet.

La seconde , c'est que les écours naturels de la Seugne sont très-profonds, que leurs berges sont généralement solides et taillées à plomb.

Ce fait indique , selon moi , deux choses importantes :

La première , c'est que les terrains traversés par ces écours , quelque tourbeux qu'ils puissent être , ont assez de consistance pour résister aux courans.

La seconde , c'est que les pentes sont assez fortes pour donner aux eaux l'action nécessaire pour creuser les canaux qui les reçoivent , et les tenir constamment libres en les débarrassant des attérissemens qui peuvent s'y former.

Il est probable , dès lors , que si les obstacles qui entravent aujourd'hui leur marche , viennent à disparaître , le curage et l'entretien des écours sera peu dispendieux , et que souvent il suffira d'ouvrir , à travers les attérissemens , de simples coupures en laissant à l'action naturelle des crues de la rivière le soin d'achever la besogne.

# § III.

## DESCRIPTIONS DES MOULINS.

Les moulins établis sur les écours de la Basse-Seugne, et dans les limites du bassin marécageux, sont au nombre de dix-neuf.

On les nomme : *Châteaurenaud*, *le Gua de Colombiers*, *Auvignac*, *Moulin-Neuf d'Auvignac*, *Colombiers*, *Mérignac*, *Rabaine*, *Crève-Cœur*, *Chante-Merle*, *Courcion*, *Moulin-Neuf* ou *des Grois*, *Courcoury*, *le Gua de Courcoury*, *Courpignac*, *Roanne*, *Gâtebourse*, *Fonlauraud*, *Fonromand* et *les Arènes*.

Ces trois derniers sont situés en dehors ou sur les limites du syndicat. La retenue ou l'élévation, en amont, des eaux qui les alimentent, sont sans aucune influence sur l'état des prairies syndiquées ; mais, comme les eaux, en aval, forment trois des affluens de la Seugne et traversent les marais, leur régime devra être soumis aux mêmes règles que celui des autres écours, et ils ont dû être compris dans la nomenclature que je viens de donner.

Quant aux autres moulins, leur position, et surtout les abus que se sont permis leurs propriétaires, sont les causes les plus puissantes de la détérioration de nos prairies et de la formation des marais.

La construction de ces usines a eu lieu par suite de concessions de prises d'eau faites par les anciens seigneurs, et moyennant le paiement annuel de certaines redevances, soit en nature, soit en argent. L'intérêt des seigneurs était ici fréquemment en opposition avec celui des propriétaires de prairies, et souvent ce dernier a été sacrifié au premier.

En général, les moulins de la Seugne sont collés aux hautes terres, et établis par couples, sur les côtés du bassin. Trois seulement font exception à cette règle. Leurs chaussées s'avancent au centre des prairies pour barrer les anciens écours de la Seugne, et faire déverser les eaux dans les biefs d'alimentation. On a obtenu aussi un exhaussement artificiel du niveau des eaux en amont des usines, et, par suite, des chutes assez considérables.

Parmi ces chaussées, il en est qui barrent en entier le bassin marécageux, telles sont celles de Châteaurenaud et de Moulin-Neuf-les-Grois. D'autres produisent le même effet, en se réunissant deux à deux à leur sommet. D'autres n'agissent que sur une partie latérale du bassin, comme celles de Crève-Cœur, de Courcion, de Courpignac et du Gua de Courcoury.

Deux moulins, ceux de Courcoury et de Chante-Merle, n'ont pas de chaussées; mais en revanche, ils sont placés dans des positions telles, qu'ils barrent entièrement les deux canaux qui les alimentent. Ils ne laissent à l'eau d'autre issue que le passage de leurs vannes mouloires. Le premier occupe le col de la *Fossade*, le second, la tranchée creusée à Courcoury; ce dernier n'a pas même de vannes de décharge.

On comprend que cette position des moulins et la disposition de leurs chaussées, doivent influer d'une manière fâcheuse sur l'état des prairies, dont la submersion est devenue presque continuelle.

Cependant, il faut convenir que, dans l'origine, on avait pris des précautions pour diminuer les mauvais effets de ces barrages artificiels.

Ces précautions consistaient principalement dans la construction de vannes de décharge, dont quelques-unes se trouvaient à l'extrémité ou au milieu des chaussées, et correspondaient ordinairement aux anciens écours de la Seugne. Sur d'autres points, on avait laissé aux extrémités des chaussées, des vides ou passages pour les eaux surabondantes, et on leur avait ménagé les moyens de s'écouler dans le lit de la Charente, par une suite d'écours, soit naturels, soit artificiels, indépendans des moulins, et dont nous retrouvons les traces dans la *Regane*, la *Seugne-Marrau* et le canal de la *Digue*.

Ensuite, il faut reconnaître que les conditions d'établissement des moulins n'étaient pas primitivement aussi mauvaises qu'elles le sont devenues plus tard par l'incurie ou le mauvais vouloir des meûniers.

Les canaux qui alimentent ces usines ont, en général, très-peu de profondeur. Les eaux y ont peu de jeu : il en résulte que les herbes y croissent avec une abondance et une rapidité extraordinaire et qu'ils s'envasent très-facilement.

On obvie bien au premier de ces inconvéniens, par des fauchages périodiques, mais, quant à l'envasement, on ne peut y remédier que par des recurages extraordinaires, qui exigent des dépenses considérables devant lesquelles les meûniers reculent. Ce n'est qu'à la dernière extrémité, et lorsque les eaux n'arrivent plus à leurs moulins, qu'ils se décident à faire effectuer ces travaux ; jusque-là, ils se bornent à combattre les effets de l'envasement, en exhaussant graduellement leurs chaussées, et en bouchant avec soin les issues que la nature ou une volonté prévoyante avaient ménagées aux eaux.

Les meûniers répugnent tellement à faire ces recurages que je pourrais citer des usines où, depuis plus de quatre-vingts ans, on n'a pas fait de travaux de ce genre.

Mais ce n'est pas tout : quelques-uns ont été plus loin ; ils ont, sans autorisation, changé, non-seulement les conditions de leurs prises d'eau, mais aussi l'assiette et la disposition première de leurs moulins ; ainsi, les uns ont relevé le seuil de leurs vannes mouloires, d'autres les ont rétrécies ; la largeur de celle des moulins de Crève-Cœur, notamment, a été réduite de 61 centimètres à 44 centimètres.

Quant aux vannes de décharges, plusieurs ont été supprimées, les autres ne sont jamais ouvertes volontairement par les meûniers, et c'est à peine si, dans les crues accidentelles du printemps ou de l'été, l'autorité administrative peut obtenir qu'ils se conforment aux arrêtés qu'elle prend à ce sujet. Ces arrêtés, du reste, sont toujours rendus tardivement et lorsque le mal est déjà fait ; les résultats qu'on en attend sont donc illusoires.

On comprend qu'avec un tel état de choses, qu'avec des abus de ce genre et des mesures de police aussi inefficaces, l'état de nos prairies aille constamment en se détériorant.

Il est curieux d'étudier les effets que ces chaussées produisent sur les prairies.

Elles les scindent en plusieurs bassins qui, en général, se trouvent isolés les uns des autres. Ces bassins sont au nombre de onze. Je vais les décrire en leur donnant à chacun un numéro d'ordre, en prenant mon point de départ au Sud, et en me dirigeant vers le Nord.

Cette description fera comprendre clairement la nécessité où s'est trouvée la Commission d'admettre le principe de la division des charges. Ce principe devenait la conséquence de l'état de division du bassin en sections presque indépendantes les unes des autres.

## BASSIN N° 1.

Ce bassin est formé par la chaussée du moulin de Château-renaud, qui s'appuie par les deux extrémités sur la terre ferme, et constitue un barrage complet. Cette usine a trois vannes mouloires.

Ce bassin renferme les prairies de *Malétier*, de *Tartifume* et de *Bougnaud*.

Sa contenance est d'environ 60 hectares.

La première de ces prairies est presque entièrement maréca-geuse, surtout à son extrémité Nord, aux approches de la chaussée.

Les deux dernières sont meilleures et fournissent des foins passables ; mais l'influence de la chaussée est également très-marquée sur elles, et cela à mesure qu'on s'en rapproche davantage. Au surplus, ces prairies renferment des sources de fond très-abondantes, et comme leurs eaux n'ont pas d'écoulement, il en résulte qu'elles se forment en courans souterrains, et qu'elles entretiennent dans le sol une humidité surabondante qui favorise la production du jonc et des mauvaises herbes.

Les prairies de Malétier valent environ 1,000 fr. l'hectare ; le prix des autres varie, suivant leur position, de 1,500 à 2,000 fr.

## BASSIN N° 2.

Les moulins d'Auvignac et du Gua, qui n'ont entre eux que trois meules, s'appuient aussi sur les hautes terres. Leurs chaussées, qui se rapprochent considérablement à leur sommet, délimitent ce second bassin qui est fort étendu.

Il comprend les prairies de *Graves*, de *Châteaurenaud*, de la *Fenêtre*, de *Sermadelle*, dépendant de la commune de Bougnaud ;

Et celles de la *Clie*, de la *Ronce*, de la *Renonne*, de la *Goine*, de la *Pallu*, de *Chadenac* et des *Communaux*, dépendant de la commune de Saint-Léger.

Leur superficie est d'environ 300 hectares.

Les prairies situées à l'extrémité Sud de ce bassin, et à la suite de la chaussée de Châteaurenaud, sont excellentes ; mais celles situées au Nord et aux approches des chaussées d'Auvignac et du Gua, notamment les *Communaux*, sont complètement marécageuses.

Ce changement du bon au mauvais s'effectue graduellement et à mesure qu'on se rapproche des chaussées qui bordent le bassin, à son extrémité inférieure. Il en résulte des différences énormes dans la valeur de ces prairies.

Ainsi, les prairies de *Graves* et de *Châteaurenaud*, surtout à son extrémité Sud, valent de 4 à 5,000 fr. l'hectare, et celles des *Communaux* à peine 1,000 fr.

L'impôt des premières s'élève jusqu'à 30 fr. par hectare.

Celui des dernières est seulement de 5 fr. 40 cent. par hectare.

## BASSIN N° 3.

Les moulins de *Mérignac* et de *Colombiers* délimitent le troisième bassin. Ces moulins ont quatre meules. Leurs chaussées se rapprochent aussi à leur sommet, sans former, il est vrai un barrage complet, mais assez cependant pour arrêter les eaux à des points élevés du terrain, les faire déverser sur les usines, et les retenir stagnantes dans les parties latérales.

Ce bassin renferme les prairies des *Ecluses*, d'*Eticuse*, de *Nondebaud*, d'*Entre-deux-Monts*, de la *Grande* et de la *Petite Gorce*.

Sa superficie est de 180 hectares.

Parmi ces prairies, les deux premières situées immédiatement au-dessous des moulins d'*Auvignac* et du *Gua*, sont excellentes, celle des Ecluses surtout ; leur prix de vente s'élève en moyenne, à 4,000 fr. l'hectare.

Les autres diminuent graduellement de valeur, à mesure qu'on s'avance vers le Nord, et leur prix de vente atteint rarement 1,000 fr.

L'impôt subit la même variation.

Jusqu'à ce moment, nous avons parcouru la partie la plus étroite du bassin de la Seugne, et nous avons pu, malgré les différences de niveau qui existent à sa surface, le diviser transversalement en bassins dont l'une des extrémités prend son point de départ aux chaussées des moulins supérieurs, tandis que l'autre s'appuie sur celles des moulins inférieurs.

Mais à la suite des moulins de Colombiers, les choses changent, le bassin marécageux s'élargit considérablement, et les chaussées des moulins n'agissant plus sur l'ensemble du bassin, mais sur des portions isolées et distinctes, je suis obligé de scinder ici le bassin général dans le sens de sa longueur, et de le diviser en deux parties, celle de l'*Ouest* et celle de l'*Est*.

## DIVISION DE L'OUEST.

### *BASSIN N° 4.*

Le bassin n° 4 situé à l'Ouest, est délimité, à l'Est, par l'écours qui descend de Colombiers et de Mérignac à Rabaine, à l'Ouest, par les hautes terres de Colombiers et de la Jard, et terminé au Nord par la chaussée de *Rabaine*, qui coupe transversalement le marais, et dont la longueur est de plus de 2,000 mètres.

Sa superficie est d'environ 250 hectares.

On y remarque d'excellentes prairies, sur les Chantiers et aux environs de Colombiers, mais elles sont en très-petite quantité; tout le reste est marécageux et ne produit que des *joncs*, de la *sèche*, ou de la *rouche*. Il existe une grande différence entre les prix de ces deux classes de prairies; elle varie de 3,000 fr. l'hectare à 500 fr.

Plus on approche de la chaussée de Rabaine, et plus le mauvais état des marais devient sensible.

C'est dans ce bassin qu'on trouve les sources de fond appelées les *Terrières*.

La belle source de Fonromand y déverse aussi ses eaux. Un canal artificiel creusé le long de la chaussée de Rabaine, les conduit au-dessous du moulin, contre la pente naturelle du terrain qui les appelle vers le fossé des Jolis. Ces eaux, ainsi contrariées dans leur marche, inondent le marais en amont de la chaussée.

## BASSIN N° 5.

Le bassin n° 5, dont la forme est celle d'un vaste croissant, est situé à la suite et au Nord de la chaussée de Rabaine; il est délimité, à l'Ouest et au Nord, par les hautes terres de Berneuil, et à l'Est, par le cours d'eau qui descend de Rabaine à Courcion.

Les terrains contenus dans ce bassin sont complètement marécageux et couverts de la grande rouche, à l'exception d'une lisière qui joint les terres, et celle qui forme le chantier de l'écours de Courcion.

Sa superficie est de 300 hectares.

En moyenne, le prix des meilleures parties n'atteint pas le chiffre de 1,200 fr. par hectare.

Le prix des parties marécageuses arrive à peine à 500 fr.

La terre tourbeuse se montre à nu dans la partie Nord de ce bassin. La partie Sud est recouverte de la terre gris-roux ou gris-blanc.

Je dois faire observer qu'on pourrait, à la rigueur, ne composer qu'un seul bassin des deux derniers. Ils sont placés à-peu-près dans les mêmes conditions et il est difficile de scinder en deux le système de travaux qui devra les dessécher.

Les moulins de la Rabaine et de Courcion commandent ces deux bassins.

L'assiette de ce dernier moulin a été changée il y a déjà long-temps, par suite d'une transaction avec l'abbesse de Saintes.

Il occupait autrefois une position moins élevée que celle qu'il a aujourd'hui, et ce déplacement a contribué puissamment à la ruine des prairies qui se trouvent en amont. Ces deux moulins ont ensemble quatre meules, mais comme ils sont placés sur le même écours, et à la suite l'un de l'autre, il en résulte que leurs quatre vannes mouloires ne débitent pas plus d'eau que deux ne le feraient.

## DIVISION DE L'EST.

### BASSIN N° 6.

Je passe actuellement à la division de l'Est.

Le bassin portant le n° 6 est très-vaste. Il prend son point de départ à la suite du moulin de Mérignac, et il s'étend jusqu'à la chaussée de Moulin-Neuf ou des Grois.

Il est borné, à l'Est, par les terres de Montils et de Jarlac, à l'Ouest, par l'écours qui descend de Mérignac et de Colombiers en se dirigeant vers Rabaine et Courcion.

Sa superficie est de 500 hectares.

Les moulins dont l'action se fait sentir sur ce bassin, dont la longueur est de près de 7,000 mètres, s'appellent Crève-Cœur, Moulin-Neuf et Chante-Merle ; les deux premiers sont ceux qui nuisent le plus à ce marais.

Crève-Cœur n'a qu'une vanne mouloire. J'ai dit qu'elle avait été considérablement rétrécie ; il retient à lui seul toutes les eaux des marais, depuis Marignac jusqu'aux approches de sa chaussée. Moulin-Neuf a deux meules ; mais sa chaussée est tellement étendue qu'elle barre le bassin tout entier. Quant à l'action du moulin de Chante-Merle sur le marais, elle tient surtout à la position exceptionnelle de cette usine, qui est assise à cheval sur le col de la Fossade qu'elle ferme en entier.

Enfin l'élévation du *Gravier* ou *Pas de la Fossade*, qui sert pour le passage des charrettes, contribue puissamment aussi à la submersion de ces marais.

Ce bassin est traversé par l'écours de la *Reganne*, et par celui du *Jard*.

Les eaux s'écouleraient rapidement par ces canaux, qui occupent le point le plus bas du sol; mais il existe à la tête de la Reganne un *seuil* ou barrage, établi dans l'intérêt des moulins de Crève-Cœur et de Chante-Merle, et qui gêne considérablement leur écoulement.

Les trois moulins qui le commandent ont entre eux cinq vannes mouloires, mais dont l'effet se réduit à trois, parce que les usines de Crève-Cœur et de Chante-Merle sont placées sur le même écours et à la suite l'une de l'autre.

### BASSIN N° 7.

Le septième bassin commence à l'aval de Courcion et de la chaussée de Moulin-Neuf.

Il est borné, à l'Est, par les terres de *Courcoury*, à l'Ouest, par celles de *Courcion* et des *Anglades*, et il est fermé, au Nord, par l'*Etier-Ferré* et les moulins de *Courpignac* et du *Gua de Courcoury*, qui ont chacun deux vannes mouloires.

Sa superficie est de 120 hectares.

On y rencontre quelques prairies dont le prix peut s'élever jusqu'à 2,000 fr. l'hectare, mais la valeur de la majeure partie des terrains qu'il renferme ne dépasse pas 900 fr.

## BASSIN N° 8.

Ce bassin situé à l'Ouest, et qu'on appelle des *Anglades*, forme une anse profonde qui se relie au précédent par un col étroit qui déverse ses eaux dans l'écours de Courpignac, à 1,200 mètres en amont de ce moulin.

Il est délimité de tous côtés par les terres de Courcion et des Anglades.

Sa superficie est de 130 hectares.

La qualité des terrains y est presque identique sur tous les points. Ils ne produisent guère que de la rouche.

En moyenne, leur prix s'élève à 600 fr. par hectare.

D'après la disposition actuelle des lieux, le régime des eaux, dans ce bassin, est complètement subordonné à celui des eaux du bassin précédent et au niveau du plan d'eau dans l'écours qui alimente le moulin de Courpignac.

## BASSIN N° 9.

A la suite de l'Étier-Ferré et des moulins de Courpignac et du Gua, nous rencontrons le neuvième bassin.

Il est borné, à l'Est, par l'écours de *Gâtebourse*; à l'Ouest, par celui de *Roanne* et les terres de la commune des *Gonds*; au Nord, par la Charente.

Sa superficie est environ de 350 hectares.

La nature des terres qu'il contient est excellente; et le bri se

rencontre dans toute son étendue ; à son extrémité Sud, on trouve
à 50 centimètres en moyenne, au-dessous de la terre rousse, une
couche de tourbe qui se repose sur le bri, et qui ne cesse qu'aux
abords des prises dites de M. Thermoignac.

Là, la terre rousse est en contact immédiat avec le bri, et
c'est à ce point que se trouvent les limites du bassin à base tourbeuse de la Seugne, et que commencent les prairies de la Charente dont les produits sont si différens.

La stagnation des eaux dans ce bassin est due principalement
à l'envasement de ses écours, et à l'élévation des berges de la
Charente.

## BASSIN N° 10.

A l'Ouest de ce bassin, se trouve celui des *Arènes*, arrosé par
le petit ruisseau de ce nom, l'un des affluens de la Seugne, et qui
verse ses eaux dans cette rivière en amont du moulin de *Roanne*,
par plusieurs issues qui consistent dans les nombreux fossés qui
entourent les *Mottes de Roanne*.

Sa contenance est de 50 hectares.

Les prairies qu'il contient se fauchent tous les ans. Par suite,
elles ne produisent pas de rouches, mais en revanche, elles sont
couvertes de joncs.

Ce bassin renferme d'excellentes tourbes à brûler. Sa surface
est recouverte de terre rousse.

## BASSIN N° 11.

Il est enfin un onzième bassin situé à l'aval du moulin de
Chante-Merle, et qui comprend les prairies de *Florentin*.

5

Il est borné, à l'Ouest, par l'écours de Chante-Merle, à l'Est, par la chaussée de *Port-Chauveau*, au Sud, par les terres de Saint-Sever, et au Nord, par la Charente.

Sa contenance est de 30 hectares.

Le centre de ce bassin est beaucoup plus bas que les bords : il en résulte que, dans la première partie, le prix de l'hectare arrive à peine à 1,800 fr., tandis que, dans les autres, il dépasse 4,000 fr.

Ce bassin, quant à sa constitution géologique, ressemble beaucoup au bassin n° 9.

La submersion et la stagnation des eaux y est due au mauvais état de l'écours qui descend de Chante-Merle, à l'élévation des berges de la Charente, à l'absence d'un canal de décharge pour les parties basses, et à l'établissement du barrage de la *Baine*, qui est placé en aval de l'écours de Chante-Merle, et qui relève considérablement le plan d'eau de la Charente.

Telle est la disposition particulière des bassins secondaires dont l'ensemble compose le grand bassin syndiqué.

L'écoulement des eaux des huit premiers bassins est subordonné au niveau du plan d'eau, qui est relevé artificiellement par les chaussées dans les écours des moulins.

Dans le neuvième bassin, elles sont retenues sur les prairies par l'élévation de l'écours de *Roanne*, et par le barrage de la *Digue*.

L'écoulement des eaux des dixième et onzième bassins, est indépendant des moulins et en dehors de leur influence désastreuse. Ici, leur stagnation tient à l'élévation des berges de la Charente, et à l'absence de canaux d'écoulement.

On voit d'un coup d'œil que, dans la majeure partie du bassin, les eaux n'ont, à proprement parler, d'autres issues que celles que leur offrent les vannes mouloires des usines, et on voit aussi que ces issues ne sont pas proportionnées à la masse d'eau que fournit la Seugne, masse qui augmente à mesure qu'on approche de son embouchure.

Ainsi les moulins de *Colombiers* et de *Mérignac*, situés à près de 6,000 mètres en aval des moulins de *Coutant* et de *Lavergne*, qui délimitent le bassin syndiqué au Sud, n'ont que quatre vannes mouloires comme ces derniers; et, cependant, dans l'intervalle qui les sépare, la Seugne s'est grossie des eaux de cinq de ses affluens et de celles d'une multitude de sources. Les premiers moulins ne débitent donc pas plus d'eau que les derniers, tandis qu'ils devraient en laisser écouler le double; aussi les prairies situées en amont des deux derniers moulins sont-elles bonnes, tandis que celles placées en amont des premiers sont mauvaises.

On peut faire la même remarque pour les trois moulins de *Courcion*, de *Moulin-Neuf* et de *Chante-Merle*, qui commandent le bassin à près de 7,000 mètres au-dessous de *Colombiers* et de *Mérignac*, et qui n'ont entre eux que six vannes mouloires, tandis qu'à ce point, le volume des eaux de la Seugne a atteint à-peu-près son maximum.

Ainsi la mauvaise disposition des moulins, l'élévation et le développement excessif de leurs chaussées, l'absence de voies d'écoulement indépendantes de ces usines, et enfin les innovations apportées dans leur assiette, doivent donc compter pour beaucoup parmi les causes les plus puissantes de la détérioration de nos prairies.

## § IIII.

### DESCRIPTION DES PÊCHERIES.

Il y a deux saisons pour la pêche sur la Seugne : celle du printemps et de l'été, et celle de l'automne et de l'hiver.

Pendant la première, nos pêcheurs ne se servent que de filets volans.

Pendant la seconde, ils emploient des filets ou des nasses en osier, qui restent à demeure au point où elles sont posées.

Les poissons ont leurs émigrations de même que les oiseaux qu'un rumb de vent amène et qu'un autre emmène. A certaines époques de l'année, dans les eaux comme dans les airs, c'est une manne que Dieu offre à l'homme.

Les riverains de la Seugne ont voulu profiter de ces dons de la Providence, et ils ont, dans l'origine, sollicité et obtenu des anciens seigneurs l'autorisation de construire sur la rivière des barrages, qui servent de points d'appui aux filets pendant la pêche de l'automne et de l'hiver.

Ces barrages s'appellent *Pêcheries*.

Voici comment ils sont construits :

On creuse de chaque côté de l'emplacement choisi pour l'établissement de la pêcherie, deux canaux de décharge, de forme semi-circulaire, qui sont destinés à fournir aux eaux un écoulement en dehors de la pêcherie et des passages pour les bateaux.

Ces canaux ou fossés s'appellent les *Halliers* de la pêcherie; ils embrassent deux portions de terrain ou deux *îlots* de forme allongée, dont l'extrémité, en aval, forme ce qu'on appelle la *tête* de la pêcherie. C'est là que le barrage s'établit et que les filets sont posés.

Plus la marche des eaux est rapide et plus la pêche est abondante; car, aux époques de migrations surtout, le poisson qui obéit à son instinct , se laisse entraîner par le courant et n'a pas le temps d'éviter le piège qni lui est tendu.

Pour obtenir ce résultat on emploie deux moyens :

Le premier consiste à établir à la tête de la pêcherie un *seuil* ou barrage à demeure aussi élevé que possible et qui puisse résister à l'action violente des eaux. Ce barrage s'appelle le *Gravier*. Il est ordinairement construit avec des pierres , parfois, mais rarement, avec des traverses en bois.

Le second consiste à resserrer ce col autant que possible , à l'aide d'un fascinage mobile soutenu par des pieux , et qui s'enlève dès que la saison de la pêche d'hiver est finie. Au milieu de ce fascinage , on laisse un espace vide, c'est la place des filets : on le nomme l'*œil de la pêcherie*.

Il résulte delà que les eaux s'élèvent en avant de la pêcherie; et on arrive ainsi à obtenir entre celles à l'amont et celles à l'aval du barrage, une différence de niveau de trente à quarante centimètres et un courant des plus violens.

Ces eaux tombant ainsi de haut ont une action très-puissante sur les terres tourbeuses qui forment le sol du bassin de la Seugne et elles creusent ce bassin jusqu'au vif en chassant devant elles les terres qu'elles en ont extraites. Il en résulte que, sans exception , toute pêcherie est immédiatement suivie d'une vaste excavation que les riverains appellent *fosse*. C'est très-probablement à d'anciennes pêcheries que les *fosses* qu'on remarque si fréquemment sur la Seugne doivent leur origine.

Mais ces eaux qui ont ainsi fouillé le sol jusqu'à la craie, par suite du mouvement violent qui leur a été momentanément imprimé, deviennent bientôt plus calmes; elles déposent un peu plus loin les terres dont elles s'étaient chargées et forment ainsi des attérissemens qui deviennent de nouveaux obstacles pour leur écoulement.

Ces entraves obligent les eaux à franchir leur rives et à s'épandre sur les prairies. Ordinairement, trois heures après l'établissement d'un barrage mobile, les terrains voisins sont submergés. Ces pêcheries sont donc une des causes les plus puissantes de la détérioration de nos marais. Elles nuisent aussi considérablement aux moulins, car elles arrêtent et jettent en dehors des écours une masse d'eau qui aurait passé sous leurs roues.

Il existait bien autrefois, d'après la tradition, car je n'ai pas pu découvrir de documens écrits à ce sujet, d'anciens réglemens pour la police des pêcheries ; mais c'est à peine si, aujourd'hui, on exécute leurs dispositions les plus essentielles et notamment celles qui fixaient au 25 octobre l'époque de l'établissement des barrages mobiles et leur enlèvement au 25 mars. Quant aux dispositions qui déterminaient le niveau des barrages fixes ou *Graviers*, la largeur et la profondeur des *Halliers*, elles sont tombées dans un oubli complet. Chacun suit son caprice et le mal empire de jour en jour. Ce mal s'augmente même par un nouvel abus : beaucoup de pêcheurs établissent, pendant le printemps et l'été, des *Pêcheries* dont les barrages sont formés avec des planches et sont dès lors essentiellement mobiles; il suffit de deux ou trois pieux pour les maintenir. Ces barrages s'établissent à l'entrée de la nuit et se lèvent avant le jour ; l'un d'eux suffit pour amener presque instantanément la submersion d'une prairie qui était à sec quelques heures auparavant.

En face de pareils abus et d'inconvéniens aussi sérieux , l'association de 1753 n'hésita pas ; elle sollicita et obtint, le 23 octobre 1755, une ordonnance de M. Blair de Boisemon , intendant de la généralité de la Rochelle , qui, conformément aux dispositions de l'arrêt du Conseil d'Etat , en date du 17 avril 1753 , prescrivait aux propriétaires des 85 établissemens de pêche qui existaient à cette époque en vertu de titres légaux, de détruire leurs pêcheries. (J'en ai l'état sous les yeux). Cette ordonnance fut exécutée avec peine , il est vrai , mais elle le fut , et les moulins comme les prairies y gagnèrent immensément.

C'est dans l'exécution de cette mesure vive , mais d'une si haute utilité, que les syndics de l'association de 1753 trouvèrent tant de résistance et éprouvèrent tant de désagrément.

On pourra s'en faire une idée quand on saura qu'il fut payé 1,197 fr. pour frais de vacation, aux cavaliers de la maréchaussée chargés de protéger les ouvriers employés aux travaux.

Les pêcheurs parvinrent à intéresser en leur faveur Mgr. l'évêque de Saintes qui se transporta à Colombiers pour prendre , en personne, connaissance des faits : et, ce qui est assez curieux, c'est que le bateau qu'il montait était dirigé , assurément bien à son insu , par un habitant du bourg de Colombiers décrété de prise de corps comme auteur principal de l'incendie des meules de foin de M. De Lilleferme, et que les cavaliers de la maréchaussée déclarent dans leur procès-verbal, en date du 27 septembre 1766, que s'ils n'ont pas exécuté le mandat d'arrêt dont ils étaient porteurs contre cet individu, c'était par respect pour la présence du chef spirituel du diocèse.

Il y eut à Colombiers , après le départ de Monseigneur, une petite émeute qui empêcha les cavaliers de la maréchaussée de mettre à exécution les ordres dont ils étaient chargés.

Je cite ces faits pour donner une idée de la difficulté que présentait cette opération et de la résistance que les syndics rencontrèrent dans son exécution.

Le nombre actuel des pêcheries est à-peu-près le même qu'en 1753. Car après avoir obligé les propriétaires à faire des dépenses considérables pour la destruction de ces barrages , on les laissa les rétablir peu-à-peu, et les choses en revinrent exactement au point où elles en étaient avant l'arrêt du 17 avril 1753.

En 1772 , les plaintes des meûniers et des propriétaires de prairies décidèrent le directoire du département à rendre un arrêté très-sévère que j'ai cité plus haut et qui renouvelait les dispositions de l'ordonnance du 23 octobre 1754 , mais qui resta à-peu-près sans exécution.

Aujourd'hui , de même qu'en 1753 , nous regardons l'existence des pêcheries comme incompatible avec celle des moulins et surtout comme formant un obstacle insurmontable à l'établissement d'un meilleur régime pour les eaux de la Seugne et à l'amélioration de nos marais. Une des premières mesures à prendre sera donc de demander au gouvernement de faire revivre les dispositions de l'arrêt de 1753.

## § V.

Après avoir décrit et apprécié les résultats des modifications apportées par les faits de l'homme dans l'état primitif du bassin de la Seugne, il me reste à rechercher quels sont les produits actuels des terrains syndiqués et les conditions auxquelles nous les obtenons.

Nous avons divisé ces terrains en trois classes. Il résulte de cette division et de l'inégalité des charges qui leur seront imposées , la nécessité d'apprécier séparément les produits de chacune dans l'état actuel des choses, et par suite de répartir notre examen en trois articles distincts.

### I

**Produits et valeur actuelle des terrains de la première
classe syndicale.**

Cette classe syndicale se compose de la 1re et de la 2me classe des matrices cadastrales dans chaque commune.

En moyenne , le chiffre de l'impôt supporté par les terrains de cette classe s'élève à 27 fr. 50 c. par hectare.

L'étendue des prairies qu'elle comprend est d'environ 350 hectares.

La terre rousse en forme la superficie.

En moyenne, leur valeur peut être portée au maximum à 3,600 fr. par hectare ;

Leur produit, à 4,500 kilogr., frais déduits.

Sur les *chantiers* et dans les années sèches, la qualité de ce foin est meilleure. Son prix peut s'élever alors, en moyenne, à 25 fr.

Les prix de ferme ou de vente des coupes sur pied, sont d'accord avec ces évaluations. Ils varient de 120 à 240 f. par hectare. La moyenne est 180 fr., ce qui représente le capital de 3,600 fr. indiqué plus haut.

Aujourd'hui, la valeur de ces 350 hectares est donc de 1,260,000 fr., et leur revenu net de 63,000 fr.

Je fais observer que ces calculs sont basés sur des moyennes prises dans une période de dix années, et que j'ai dû m'en tenir à des appréciations générales, sans trop me préoccuper des exceptions qui placent quelques pièces de prairies en dehors de ces moyennes. Autrement mon point de départ eût été faux et mes chiffres exagérés.

## II

### Produits et valeur actuelle des terrains de la deuxième classe syndicale.

Cette classe comprend la 3e et la 4e classe des matrices cadastrales.

Le chiffre de l'impôt est, pour les prairies de cette classe, de 18 fr. au maximum par hectare.

Sa superficie est aussi d'environ 350 hectares.

Le sol est également formé de la terre de couleur gris-roux.

Les foins que produisent ces prairies sont d'une qualité très-inférieure. Ils se composent presque uniquement de sèche, de jonc et de chardon.

En moyenne, le prix de vente de ces prairies peut s'élever à 1,800 fr. par hectare.

Leur prix de ferme est souvent inférieur à ce taux. Il s'élève ou s'abaisse suivant que l'été est sec ou pluvieux. Il varie de 60 à 120 fr., moyenne 90 fr.

La valeur totale de ces prairies est donc aujourd'hui de 630,000 fr. ;

Et leur revenu de 31,500 fr.


### III

**Produits et valeur actuelle des marais à rouche, formant la troisième classe syndicale.**


Cette classe comprend tous les terrains désignés comme marais et formant la 5e classe des matrices cadastrales.

Les marais qui en dépendent représentent environ 1,500 hectares.

Le sol des 4/5es est composé de la terre rousse.

La superficie du surplus est tourbeuse. Quelques parcelles de ces marais produisent des foins grossiers, mais la presque totalité est couverte de la grande rouche.

Le prix de vente des parties favorisées peut s'élever, en moyenne, à 1,200 fr. par hectare.

Le prix des marais à rouche, qui était autrefois de 240 fr. par hectare, s'est élevé depuis trois ou quatre ans à un prix moyen de 450 fr.

Cette différence est due à des circonstances accidentelles : à la cherté excessive du bois , à la disette des fourrages et des pailles qui s'est fait sentir depuis quelques années dans nos contrées , surtout dans les communes au Nord de la Charente, et à l'augmentation du nombre des bestiaux qui , elle-même , a été la suite de la division du sol. L'espérance de voir opérer des travaux de desséchement a aussi été une des causes de cette hausse.

Les marais de la rive droite sont plus chers que ceux de la rive gauche.

Cette différence dans les prix est de 1/4 environ.

Cela tient principalement à l'absence complète de *bois* dans les communes de la rive droite.

Leurs habitans attachent un grand prix à la rouche qu'ils emploient pour le chauffage de leurs fours à pain, aujourd'hui surtout où le prix du bois est très-élevé.

Les communes de la rive gauche souffrent moins de la rareté du combustible. Elles s'en approvisionnent plus facilement dans les parties boisées des cantons de Pons et de Gemozac, qui les limitent au couchant.

Dans ces communes, la rouche est principalement employée pour remplacer les pailles que les cultivateurs vendent pour l'approvisionnement des villes de Pons et de Saintes. Les produits de leurs marais ne sont donc pas pour eux une chose de première nécessité comme chez leurs voisins de la rive droite.

Enfin , l'exploitation des marais de la rive gauche est extrêmement difficile dans les années pluvieuses , parce qu'ils manquent de ces écours multipliés qui existent sur la rive droite et qui permettent aux ouvriers d'enlever les ronches à l'aide de leurs bateaux.

Les prix de vente sont aussi plus élevés à Courcoury que dans la partie supérieure du syndicat.

En moyenne, ces prix peuvent atteindre 600 fr. par hectare.

Cela tient également à ce que le bois est rare dans cette commune, mais surtout à la proximité de la Charente qui permet d'expédier au loin, et avec une grande économie dans les frais de transport, les produits des marais.

Ces causes réunies ont déterminé les différences de prix que j'ai signalées.

D'après ce que je viens de dire, on voit que les ronches de nos marais s'emploient de deux manières :

1.º pour la litière des bestiaux;

2.º pour le chauffage des fours à pain.

Il en résulte des différences telles, non pas dans le taux du revenu à proprement parler, mais dans le mode d'exploitation, que je me trouve contraint de diviser l'examen de la question relative aux produits actuels de ces deux classes de marais en deux articles distincts.

## I

### Mode d'exploitation et produits actuels des marais dont les ronches sont employées pour la litière des bestiaux.

J'évalue à 750 hectares environ la superficie des marais dont les produits sont employés pour faire de la litière.

Les herbes que produisent ces marais sont coupées à deux, à trois et à quatre ans, rarement à un an.

Le poids de ces herbes desséchées , en moyenne , et par hectare , peut être porté :

Pour la 1<sup>re</sup> année à. . . . . . . . . .    4,500  kilog.

Pour la 2<sup>e</sup>   —   à. . . . . . . . . .    9,000

Pour la 3<sup>e</sup>   —   à. . . . . . . . . .    13,000

Et pour la 4<sup>e</sup>—   à. . . . . . . . . .    18,000

Ces marais se donnent rarement à ferme. Leur exploitation est sujette à tant d'inconvéniens , et les chances de pertes sont si certaines quand les années sont pluvieuses , que les cultivateurs préfèrent laisser ces chances aux propriétaires. Ils se bornent à acheter les coupes sur pied , au moment de mettre la main à la faux. Dans ce cas , les prix de ces coupes s'établissent ainsi :

A 1 an , la coupe de l'hectare vaut , au maximum ,    30 fr.

A 2 ans. . . . . . . . . . . . . . . . . . .    60 fr.

A 3 ans. . . . . . . . . . . . . . . . . . .    90 fr.

A 4 ans. . . . . . . . . . . . . . . . . . .    120 fr.

Lorsque l'année est sèche et que le gros bétail peut trouver dans les herbes fournies par ces marais quelques plantes propres à son alimentation, le prix de la première coupe augmente. Il s'élève parfois jusqu'à 45 et 50 fr.; mais ce cas est rare. Au surplus, dans cette hypothèse, ces marais sortent de la classe des marais à litière et doivent être compris dans la classe des marais dont le prix de vente atteint 1,200 fr.

Les risques dont j'ai parlé sont du reste si fréquens et l'accroissement de la rouche si régulier , qu'il s'est établi dans le pays un usage assez singulier, quant aux ventes des coupes de ces marais : le bail fait pour un an se continue l'année suivante quand l'élévation subite des eaux a empêché la coupe de la récolte , et le prix augmente dans une proportion régulière , et qu'indiquent les chiffres que je viens d'établir.

Lorsque le propriétaire exploite par lui-même , il livre ordinairement la rouche à bord de terre ferme.

Cette année , les 500 kilog. de litière , rendus à bord de terre
ferme , se sont vendus de 6 à 8 fr. , moyenne 7 fr. Il y a quatre ou
cinq ans , ce prix variait de 4 à 6 fr. , moyenne 5 fr.

Je prendrai pour base de mes calculs le chiffre le plus élevé ,
quoique j'aie la conviction que le prix de la rouche baissera rapidement si les foins ou la paille deviennent moins rares et si le
prix du bois continue à diminuer.

Les frais d'exploitation se composent des dépenses qu'occasionnent *la coupe* , *la mise en meules et le transport* à bord de terre
ferme , soit en bateaux , quand la saison est pluvieuse , soit à
l'aide de charrettes , quand elle est sèche , et que le marais est
accessible pour ce dernier moyen de transport.

J'évalue les frais de *coupe* et autres par 500 kilog. à    1 fr. 25

Et ceux de transport à la même somme. . . . . . . 1 fr. 25

Soit , en total. . . . . . . . . . . . . . . 2 fr. 50

Cette évaluation est au-dessous de la vérité , car nos cultivateurs les plus intelligens estiment que les frais représentent la
moitié au moins de la valeur de la récolte.

Quoi qu'il en soit , en calculant d'après ces bases, le produit
actuel d'un hectare de marais à litière s'établit ainsi :

| Produit brut. | frais. | Produit net |
|---|---|---|
| 1re année. . . . . 63 f. . . . | 25 f. 50 . . . . | 40 f. 50 |
| 2e année. . . . . 126 f. . . . | 45 f. 00 . . . . | 81 f. 00 |
| 3e année. . . . . 189 f. . . . | 67 f. 50 . . . . | 121 f. 50 |
| 4e année. . . . . 252 f. . . . | 90 f. 00 . . . . | 162 f. 00 |

ou , en moyenne , et sans tenir compte de la perte d'intérêt qu'éprouve le propriétaire , en attendant souvent jusqu'à la quatrième année pour percevoir son revenu. . . . . . . 40 f. 50.

Ce revenu est supérieur à celui que procure le fermage. Mais cela s'explique naturellement par les chances de pertes qui existent pour le propriétaire et qui sont telles que , en 1841 et en 1842 , j'ai perdu pour mon compte plus de 20,000 kilog. de litière que les eaux de la Seugne, grossies par des pluies d'orage, ont entraînée au loin, ou ont fait pourrir sur place.

La crue subite du mois d'août 1842 surtout a occasionné une perte énorme aux propriétaires des marais de Jarlac, de la Jard, de Berneuil , et de Courcoury. Trompés par le beau temps , ils avaient coupé de grandes quantités de rouches qui ont été entraînées par les eaux ou ont pourri sur le sol des marais.

Ces chances multipliées de perte , réunies aux variations que j'ai signalées dans les prix de la rouche, variations qui sont dues à des circonstances fortuites qui peuvent cesser d'un instant à l'autre , et qui peuvent amener des différences énormes dans le revenu de ces marais et le réduire, si les prix revenaient à leur taux primitif, à 13 fr. 50 ou à 22 fr. 50 au maximum, expliquent suffisamment le peu de valeur de ce genre de propriété et comment , depuis de longues années , leur prix de vente n'a guère dépassé le chiffre de 300 à 360 fr.

Si nous prenons pour base de nos évaluations les trois chiffres que je viens de poser plus haut : 40 fr. 50 — 22 fr. 50 — 13 fr. 50 , — nous aurons , pour le revenu moyen , une somme de 25 fr. 50 par hectare, ce qui donne , pour 750 hectares , un revenu total de 19,125 fr. , représentant, à 5 p. 0/0, un capital de 382,500 fr., ou, par hectare, un prix de 510 fr. qui certes est encore supérieur au prix moyen de vente actuel.

## II

**Mode d'exploitation et produits actuels des marais dont la rouche est employée comme combustible.**

L'étendue des marais à rouche destinés à fournir du combustible, est aussi de 750 hectares environ.

Ces marais s'exploitent d'ordinaire à la sixième année ; passé cette époque, la rouche cesse de croître, elle dépérit, se décompose rapidement, et ses débris en couvrant le sol, vicient ses racines, étouffent ses rejetons, et empêchent la croissance des plantes qui l'auraient remplacée. Dans ce cas, le *marais est pourri*, suivant l'expression de nos cultivateurs, et ses produits sont nuls pendant plusieurs années.

Le même inconvénient a lieu lorsque la rouche une fois coupée, est abandonnée sur le sol des marais.

Ces deux accidens sont très-fréquens ; ils sont amenés par les crues subites de la Seugne, qui empêchent soit la coupe des rouches, soit leur enlèvement. J'en ai déjà cité des exemples.

Nos 730 hectares de marais à grandes rouches étant ainsi mis en coupe réglée, il en résulte que 125 hectares environ sont exploités chaque année.

La rouche destinée à servir de combustible est liée en javelles dont la circonférence est de 1 mètre 33 centimètres environ, et dont le poids varie de 5 à 6 kilog.

Chaque hectare, à six ans, peut fournir au maximum 5,000 javelles, soit un poids total de 25,000 kilog., représentant la charge de 25 charrettes au moins.

Nos 125 hectares de marais fournissent donc à la consommation, chaque année, au maximum, 625,000 javelles.

6

400,000 environ sont consommées sur place pour le chauffage de fours à pain. Le surplus est expédié au loin.

Le prix de vente du cent de javelles a subi les mêmes variations que celui des 500 kilo. de rouche à litière, et par les mêmes causes.

Cette année il s'est vendu, rendu à bord de terre ferme :

A la Jard, de. . . . . . . .   6 à 7 fr.
A Jarlac, de. . . . . . . .   7 à 8 fr.
A Courcoury, de. . . . . . 10 à 12 fr.

En moyenne . . . . . . . .   8 fr. 33 c.

Ces prix sont excessivement élevés. J'en ai dit les causes. J'ajouterai que les marais de Courcoury, où les prix sont les plus hauts, ne représentent guère que la huitième partie de l'étendue des terrains couverts de rouche.

Il y a quelques années, les chiffres suivans : 5 fr.—6 — 8 — eussent exprimé les prix, au maximum, sur ces trois points. Il est probable qu'ils reviendront avant peu à ce taux.

Je prendrai cependant pour base de mes calculs un prix très-élevé. Je le fixe, en moyenne, à 8 fr.

Avant d'établir d'autres chiffres, il est indispensable de faire connaître les modes particuliers d'exploitation employés pour cette classe de marais.

Il y en a trois :

1.° Le fermage ;

2.° L'exploitation par le propriétaire ;

3.° L'exploitation par des ouvriers travaillant pour leur compte et donnant au propriétaire, soit une somme déterminée par cent de javelles exploitées, soit la moitié de la coupe une fois les javelles faites.

Le fermage a lieu très-rarement. Les chances de pertes sont ici encore plus fréquentes que dans les marais à litière , et le terme de la jouissance est plus éloigné.

Dans le cas où le propriétaire exploite par lui-même ou par des ouvriers qu'il emploie à la journée , le produit brut calculé , au maximum de 5,000 javelles, et à 8 fr. le cent , représente, par hectare, une somme de. . . . . . . . . . .     400 fr. 00

Les frais consistent dans la *coupe de la rouche* , *la mise en javelles et le transport à bord de terre ferme.*

La dépense qui en résulte s'établit comme suit :

### 1° *Coupe et mise en javelles.*

Un ouvrier, peut couper et lier , en moyenne , 150 javelles par jour.

Sa journée de travail vaut au moins 2 fr. C'est 1 fr. 50 *par cent de javelles* et pour 5,000 javelles, 37 journées et 1/2 de travail , ou 75 fr. ci. . . . .     75 fr. 00

### 2° *Transport à bord de terre-ferme.*

On se sert rarement de charrettes pour pénétrer dans les marais à grande rouche. L'accès en est rendu trop difficile par l'élévation et la force des roseaux et l'humidité du sol. Les hommes seuls peuvent y entrer pour en enlever les produits à bras. Ils sont obligés d'y tracer des sentiers à l'aide de la faux.

*A reporter*. . .     75 fr. 00

*Report*. . .     75 fr. 00

Un ouvrier ne peut pas transporter par jour à bord de terre-ferme , et en calculant sur une distance moyenne de 500 mètres, plus de 150 javelles.

Cet ouvrier doit , en effet , prendre les javelles cinq par cinq au plus, les porter sur ses épaules jusqu'à son bateau , le charger, le conduire à bord de terre-ferme , le décharger et retourner au marais pour recommencer le même travail. Il emploie donc encore 37 journées 1/2 à ce travail, et sa journée valant 2 fr. , cette dépense , pour 5,000 javelles, est de. . . . . . . . . . . . . . .     75 fr. 00

Le total de la dépense est donc de. . . . . .     150 fr. 00

En défalquant cette somme de celle représentant le produit brut, ou 400 fr. nous avons pour six années, un produit net de. . . . . . . . . .     250 fr. 00

Ou par an. . . . . . . . . . . . . . . . . . .     42 fr. 50

Mais actuellement il faut remarquer que le propriétaire ne jouit de ce revenu qu'au bout de six ans et qu'il éprouve une perte d'intérêt considérable que je n'exprimerai pas en chiffres pour éviter des calculs fastidieux, mais que j'indique ici pour mémoire.

Ce mode d'exploitation fournit le revenu le plus élevé. Et cela doit être , puisque le propriétaire exploitant par lui-même , ou par des ouvriers qu'il emploie à la journée, prend sa part du bénéfice industriel qui , dans le troisième mode que je vais expliquer , passe en entier dans les mains de l'ouvrier.

Lorsque l'ouvrier exploite pour lui-même, les choses se passent ainsi :

Ou il laisse au propriétaire la moitié des javelles exploitées ,
ou il lui paie une somme déterminée par chaque cent de javelles.

Autrefois le taux de la somme payée , par l'ouvrier , dans les
marais de la Jard , de Berneuil , de Jarlac et de Colombiers ,
était de 1 fr. 50 et de 2 fr. au plus. L'année dernière, elle s'est
élevée jusqu'à 3 francs.

Dans le cas où l'ouvrier laisse la moitié de la récolte au propriétaire , celui-ci a pour sa part 2,500 javelles qui donnent ,
à 8 fr. le cent , une somme de 200 fr. dont il faut déduire les
frais de transport à bord de terre-ferme , ou 37 fr. 50 , ce qui
réduit son revenu , pour six ans , à 162 fr. 50 en total , ou à
27 fr. 08, par an.

Dans le second cas , le propriétaire reçoit 150 fr. pour ses
5,000 javelles; ce qui lui donne un revenu de 25 fr. par an.

Telle est la position du propriétaire dans ces deux modes d'exploitation. Elle est moins avantageuse que dans le premier , et
c'est cependant presque toujours le seul moyen qu'il puisse
employer pour tirer quelque parti de sa propriété. Car il est
extrêmement difficile de trouver des ouvriers qui veuillent travailler à la journée dans les marais et aux conditions ordinaires.

La raison en est que l'ouvrier qui exploite le marais d'autrui
pour son compte particulier , obtient un bénéfice industriel très-
considérable et qui porte à un taux très-élevé le prix de sa journée de travail.

Les chiffres suivans démontrent clairement ce fait.

Lorsque l'ouvrier abandonne au propriétaire la moitié de la
récolte , il lui reste 2,500 javelles qu'il vend 200 fr Il a donné,
en échange de ce produit , 37 journées 1/2 de travail pour la
coupe et le liage, et 18 journées 3/4 pour le transport de 2,500

javelles à bord de terre ferme, soit, en nombre rond, 56 journées de travail pour obtenir une somme de 200 fr.

Dans cette hypothèse , chaque journée de travail lui aurait donc produit 3 fr. 56 cent.

Dans le cas où il paie une somme d'argent pour chaque cent de javelles exploitées , le prix de la journée est également très-élevé.

5,000 javelles, à 8 fr., lui donnent une produit brut de 400 fr.

En défalquant 3 fr., prix maximum payé par l'ouvrier pour chaque cent de javelles , il donne au propriétaire 150 fr.

Cet ouvrier retire donc de ses 75 journées de travail une somme totale de 250 fr.

Ce qui porte le prix de sa journée à 3 fr. 33 cent.

Il est évident maintenant que si le prix de vente du cent de javelles retombait à un taux plus bas, à 6 fr., par exemple, le béné-fice industriel de l'ouvrier diminuerait ; mais comme la somme payée au propriétaire , par cent de javelles, diminuerait aussi dans ce cas , le prix de la journée de travail serait toujours su-périeur au prix ordinaire ; il atteindrait, au minimum , le chiffre de 2 fr. 65 centimes.

On voit par ces chiffres que l'ouvrier doit préférer à tous les autres les deux modes d'exploitation que j'indique. Car dans ces deux hypothèses il échappe à presque toutes les chances de perte, son gain est assuré, et il atteint à un taux très-élevé, qu'on peut en moyenne porter à 3 fr. La main d'œuvre ici représente donc une valeur supérieure à celle de la récolte.

Cela arrive , au surplus , toutes les fois qu'une exploitation , soit agricole , soit industrielle , s'effectue dans des conditions difficiles et de nature à compromettre la vie ou la santé de l'ou-vrier. Malheureusement nous rencontrons ces conditions mauvaises dans l'exploitation de nos marais. Les ouvriers qui se livrent à ce genre de travail ont souvent à regretter de s'être laissé séduire par l'appât d'un salaire élevé, mais presque toujours acheté au prix de leur santé. Je le démontrerai plus tard, je démontrerai aussi que ces avantages qui séduisent aujourd'hui quelques uns des riverains de la Seugne, et qui leur font craindre de voir dessécher les marais, peuvent être facilement et avantageusement remplacés par d'autres.

Maintenant j'ai démontré, en prenant pour point de départ un produit de 5,000 javelles par hectare, et les prix de vente actuels de la rouche, prix excessivement élevés, que, dans l'hypothèse la plus avantageuse pour le propriétaire, celle où il exploite par lui-même, son revenu net ne peut pas dépasser le chiffre de 42 fr. 50 c., et que lorsqu'il abandonne à l'ouvrier le soin de cette exploitation, ce revenu est, dans un cas, de 27 fr. 08

Dans l'autre, de . . . . . . . . . . . . . .     25 fr. 00

La moyenne entre ces somme est donc de . . .     31 fr. 18

Ce qui représenterait aujourd'hui, pour 750 hectares, un revenu net de . . . . . . . . . . . . . . . .     23,385 fr.

Ou, à 5 p. 0/0, un capital de . . . . . .     467,700 fr.

Et enfin un prix moyen, par hectare, de 623 fr. 60 c. supérieur au prix de vente actuel qui dépasse rarement, comme je l'ai déjà dit, les marais de Courcoury exceptés cependant, une somme de 450 fr.

Ces résultats prouvent donc que mes calculs de détail ont été basés, comme je l'avais au surplus annoncé, sur des évaluations exagérées, et que, d'une part, la crainte de voir diminuer promptement les prix de vente actuels, d'un autre côté, les chances

nombreuses de pertes qu'offre ce genre de propriétés, ont constamment empêché les riverains de la Seugne eux-mêmes de les
acheter à un prix aussi élevé.

Il faut donc en revenir à cette règle infaillible: c'est que le
prix de vente d'un immeuble est toujours déterminé par le taux
de son revenu. Or, si ce prix de vente s'élève à 450 fr., le revenu doit donc être porté, au maximum, à 22 fr. 50 c., pour
nos marais; c'est là la vérité. Si l'on veut s'en convaincre, qu'on
refasse mes calculs, en changeant les bases, et en prenant pour
point de départ :

1.° Une produit moyen de 4,500 javelles par hectare ;

2.° Les prix anciens de 5 et 6 fr., et on arrivera aux résultats annoncés.

Mais quoi qu'il en soit, je prendrai encore pour base des calculs qui me restent à faire, ces chiffres évidemment exagérés, et
je porterai à 600 fr. la valeur vénale, et à 30 fr. le revenu annuel de l'hectare des marais, soit à litière, soit à rouches.

A ce taux, la valeur de nos 1,500 hectares de marais à rouche
représenterait donc un capital de 900,000 fr. et leur revenu
annuel une somme de 45,000 fr.

En résumé et en calculant suivant ces bases, la valeur vénale
actuelle des terrains compris dans le périmètre du syndicat s'ex-
prime donc par les chiffres suivans :

| | |
|---|---:|
| 1.re Classe. . . . . . . . . . . . . . | 1,260,000 |
| 2.e Classe. . . . . . . . . . . . . | 630,000 |
| 3.e Classe . . . . . . . . . . . . . | 900,000 |
| | 2,790,000 |

Ces terrains produisent, dans les conditions les plus favorables , et en écartant toutes les chances de pertes , un revenu
net dont le taux ne peut pas dépasser, au maximum :

Pour la 1re Classe. . . . . . . . . . . .    63,000
Pour la 2.e Classe. . . . . . . . . . . . .   31,500
Pour la 3.e Classe. . . . . . . . . . .    45,000

Total. . . .  139,500

Tel est l'état des choses dans notre syndicat , telles sont les
causes de l'infériorité des produits de nos terres.

Ici le mal est arrivé à son plus haut degré : voilà pourquoi on
s'en est ému. Mais combien de riches prairies en France s'avancent peu-à-peu vers le même état de détérioration ! et toujours
par les mêmes causes , toujours parce que , sans prévoyance ,
sans mesure , on laisse leurs écours se couvrir d'entraves sans
nombre et qu'on abandonne au caprice ou à des intérêts hostiles
l'usage et le réglement de leurs eaux.

Dans la masse des lois qui nous régissent, c'est à peine si on
trouve quelques dispositions sur la police des eaux. Le premier
mai 1790 , l'Assemblée nationale rendit un décret qui prescrivait aux autorités départementales de rechercher les moyens de
dessécher les marais. Sous l'Empire , le même objet préoccupa
aussi le gouvernement, mais , malheureusement, les sages mesures qui furent prises à ces deux époques sont restées sans
exécution.

Les desséchemens sont rares aujourd'hui en France, l'absence
d'une législation forte, explicite, qui soit en harmonie avec l'état
actuel de notre société , et conçue de manière à remédier à
l'inertie que la division excessive du sol amène, en est la cause
principale.

Il est étrange, en effet , et à part le décret du 16 septembre 1807 , que nous soyons encore régis , en pareille matière, par les édits de Henri IV.

Je sais que des hommes haut placés se préoccupent de cette situation ; et il est probable que , dans un temps donné , une législation appropriée aux besoins, viendra combler la lacune que je signale. Mais quand ? je l'ignore.

Ces réflexions , je les ai faites avant d'accepter la tâche que vous m'avez confiée, Messieurs ; et cependant elles ne m'ont pas découragé. C'est que j'ai compris que mon travail aurait au moins un résultat : celui d'exposer des faits peu connus, de mettre au grand jour une plaie qui nous est commune avec beaucoup d'autres contrées, et d'appeler peut-être ainsi l'attention de l'administration sur une situation qui mérite toute sa sollicitude.

# TROISIÈME PARTIE.

## DU DESSÉCHEMENT.

Après avoir exposé les faits historiques qui se rattachent au bassin syndiqué , après l'avoir décrit aussi exactement qu'il m'a été possible et avoir calculé les produits actuels de nos marais , il me reste à examiner :

1.º La question de savoir si le desséchement est possible et dans quelles conditions il doit être effectué ;

2.º Quel sera le chiffre de la dépense ;

3.º Celui de la plus-value que le desséchement peut donner aux terrains syndiqués ;

4.º Enfin, quels sont les moyens à employer , au point de vue administratif et financier, pour arriver à l'exécution de nos projets.

C'est l'objet de la troisième partie de mon travail.

Elle se subdivisera en quatre paragraphes relatifs chacun à l'examen d'une des questions que je viens de poser.

## § I.<sup>er</sup>

LE DESSÉCHEMENT EST-IL POSSIBLE ?

QUELS SONT LES TRAVAUX A EFFECTUER ?

Pour réussir dans une opération de desséchement il faut rencontrer deux conditions essentielles :

1.º Dans le bassin à dessécher , des pentes suffisantes pour l'écoulement des eaux ;

2.º Dans le bassin inférieur, une différence de niveau qui permette d'y verser les eaux du bassin supérieur.

Ces conditions, nous les trouvons dans les deux bassins de la Seugne et de la Charente.

J'ai donné plus haut une idée exacte de la position du premier de ces bassins par rapport au second. J'ai dit qu'il s'abaissait régulièrement vers ce dernier , jusqu'à l'Etier-Ferré , avec une pente , au minimum , de 4/10 de millimètre. A partir de l'Etier-Ferré, la pente devient plus forte ; elle est de près de deux millimètres par mètre.

Cette pente est plus que suffisante pour l'écoulement rapide des eaux ; elle est supérieure à celle de la Sèvre et de la Boutonne. Or , dans le bassin de la première de ces rivières, on a obtenu des dessèchemens complets avec des pentes dont le maximum ne dépasse pas 1/10 de millimètre.

Si nous avions à redouter un obstacle pour l'écoulement des eaux de notre bassin marécageux, ce serait donc seulement du

côté de la Charente ; c'était là le point qui préoccupait le plus
vivement M. l'abbé de Gua de Malves, dans son examen critique
du projet du 1.ᵉʳ mars 1768.

Mais les mémoires qui accompagnaient les plans étaient in-
complets. M. de Malves était à ce sujet dans une grande erreur ;
et son rapport, excellent, quant à la partie théorique, manquait
d'une base essentielle : la connaissance des faits.

Ces faits , les voici :

Le bassin de la Charente a sa pente générale , de l'Est à l'Ouest,
vers la mer ; mais vis-à-vis des embouchures de la Seugne, dans
le sens transversal , il s'incline aussi vers le Nord d'une manière
très-prononcée ; sa pente est de 10 millimètres au moins par
mètre.

Cette énorme différence de niveau a disparu sous les dépôts
d'argile marine. Aujourd'hui ce bassin présente à l'œil une surface
presque unie ; mais cette disposition primitive du bassin n'en a
pas moins contribué à déterminer l'assiette actuelle du lit du fleuve.
Les eaux ont dû naturellement occuper le point le plus bas du sol.
A cette cause principale est venue s'en joindre une autre : le confluent de la Seugne. Les eaux de cette rivière partant d'un point
plus élevé et frappant celle du fleuve à angle droit, l'ont fait
fléchir dans son cours. Elles l'ont repoussé vers le Nord. Ces
deux causes réunies ont produit la courbe fort remarquable que
la Charente décrit en face de l'embouchure ou de la vanne principale de décharge de la Seugne depuis Gâtebourse jusque vers
Saint-Sorlin : entre ces deux points elle s'éloigne considérablement du bassin de la Seugne , et elle va raser les collines qui la
bordent au Nord.

C'est là un grand avantage.

Si la Charente se fût plus rapprochée du bassin de la Seugne, si elle n'eût pas reculé dans le sien pour laisser, en quelque sorte, plus de jeu et plus d'action aux eaux de son affluent , si elle les eût reçues à leur sortie immédiate du col du l'Etier-Ferré , et à un point où les différences de niveau auraient été peu sensibles, ces eaux eussent été refoulées par l'action plus puissante de celles du fleuve et elles ne se seraient écoulées qu'avec une grande difficulté. Ainsi retenues , elles auraient été forcées de relever leur niveau pour vaincre, par leur accumulation, la résistance que leur auraient opposée les eaux de la Charente , et le desséchement eût été impossible.

C'est là ce qui existait à l'époque où la mer occupait le bassin de la Charente et y déposait le bri qui l'a comblé. Ses eaux soulevées régulièrement par les marées, formaient alors un obstacle nvincible à l'écoulement de celles de la Seugne. C'est là ce que M. de Malves redoutait.

Heureusement , il n'en est plus ainsi.

Aujourd'hui , à l'étiage , les eaux de la Seugne aux moulins de Chantemerle, de Courcoury, de Gâtebourse et à l'Etier-Ferré, sont, en moyenne, à plus de 3 mètres au-dessus du niveau des eaux de la Charente , ce qui donne une pente de près de deux millimètres par mètre. Aussi, à partir de ces divers points, les eaux de la Seugne s'écoulent-elles rapidement vers le fleuve, pendant le printemps et l'été et même pendant l'hiver. Cet écoulement rapide est dû à la différence de niveau que je viens d'indiquer , mais aussi à ce que les crues de la Seugne ont presque constamment lieu avant celles de la Charente. Ces crues ont d'ordinaire produit leur effet avant que les eaux du fleuve aient atteint leur maximum d'élévation. Cette circonstance est due à la brièveté du cours de la Seugne, comparé à l'étendue de celui de la

Charente et à la forte inclinaison des versans de la partie supérieure de son bassin. On sait, d'ailleurs, qu'il est assez généralement de règle que les crues des petites rivières aient lieu avant
celles des grandes qui n'existent que par le tribut que les premières
leur apportent.

Il en résulte que le niveau des eaux de la Seugne s'abaisse
sensiblement au-dessus de l'Etier-Ferré, en amont des moulins
de Rabaine, de Courcion et de Moulin-neuf, au moment même
où l'on voit s'élever celui des eaux de la Charente.

Ce n'est que dans des cas extraordinaires, dans les grandes
crues de l'hiver dont la durée est parfois de douze ou quinze
jours, que les eaux de la Charente reprenant en entier le lit
qu'elle occupait autrefois, viennent entraver, à l'aide de leur
masse supérieure, l'écoulement des eaux de son affluent. Mais
cette interruption n'est pas absolue, les eaux de l'écours de la
Seugne-Marrau conservent même alors un peu de jeu, et jamais
la marche du moulin de Courcion n'est arrêtée complètement.

Au surplus, ce temps d'arrêt n'a lieu qu'à l'époque où la végétation est nulle et où nos prairies ont besoin d'être recouvertes
par les eaux. Il ne pourrait donc produire qu'un seul effet fâ-
cheux : ce serait de faciliter l'envasement des canaux de décharge
de la Seugne pendant que les eaux restent ainsi stagnantes. Mais
cet inconvénient est peu à redouter si on dispose le canal principal de décharge dans des conditions convenables, et de manière à ce que les attérissemens à peine formés, puissent être
détruits par l'action des eaux, qui, retenues momentanément,
n'en marcheront qu'avec plus d'impétuosité dès que l'entrave
qui leur aura été imposée, viendra à disparaître.

Le seul obstacle réel que les eaux de la Seugne rencontraient
dans l'état normal, pour se réunir à celles de ce fleuve consis-

tait dans l'élévation de ses berges, mais elles l'ont vaincu depuis long-temps, et elles ont tracé profondément leur lit à travers ces derniers dépôts de la mer.

On comprend maintenant qu'avec une pente générale de près d'un demi millimètre par mètre, depuis l'extrémité Sud du bassin marécageux jusqu'à sa rencontre avec le bassin de la Charente , autrement dit jusqu'à l'Etier-Ferré , on peut amener facilement les eaux à ce point , et quand elles y seront arrivées, les jeter dans la Charente, avec une différence considérable de niveau entre les deux plans d'eau , en tout temps, et surtout à l'étiage.

Maintenant dans quelles conditions le desséchement doit-il être effectué ? ou, en d'autres termes , est-ce un desséchement complet que nous devons faire , ou bien devons-nous nous borner à un demi-desséchement ?

Telle est la question que je vais examiner.

Dans la majeure partie des desséchemens qui ont été effectués dans ce département depuis deux siècles et demi , on a cherché principalement à convertir en terres arables les marais desséchés.

Une opération de ce genre est impraticable sur la Seugne par deux raisons sans replique :

La première, c'est que dans ces sortes de desséchemens on est forcé d'endiguer les terrains , et que pour construire des digues il faut deux choses essentielles qui manquent dans le bassin de la Seugne : un fond solide pour les asseoir, et des terres argileuses et compactes pour les construire.

Pour établir solidement des digues , il faudrait pénétrer jusqu'à la craie qui , elle-même, est loin d'être imperméable, et fendre la couche tourbeuse à une profondeur moyenne de cinq mètres.

Des travaux de ce genre entraîneraient des frais énormes pour les épuisémens surtout.

La seconde, c'est qu'avec le système d'endiguement le plus complet, c'est-à-dire avec un système conçu de manière à isoler les terrains desséchés, tant des eaux de la rivière que de celles de ses affluens, on n'arriverait jamais à maîtriser l'action des eaux souterraines qui jaillissent de toutes parts dans le fond du bassin.

Ces eaux sont extrêmement abondantes et il serait de toute impossibilité de leur procurer un écoulement en dehors du bassin endigué ; car , pendant tout l'hiver , pendant le printemps et une partie de l'automne , le niveau des eaux placées en dehors des digues serait beaucoup plus élevé que le leur.

On comprend , dès lors , que la culture des terrains endigués deviendrait impossible.

Il est à remarquer que tous les desséchemens complets que nous rencontrons dans ce département, ont été effectués dans des bassins qui ont été comblés par les dépôts de l'argile marine.

Ces bassins présentent , pour ces sortes de desséchemens, les deux conditions que j'indiquais plus haut. On y trouve des terres propres à la construction des digues ; et , à une faible profondeur, une base solide pour les asseoir. Puis les sources de fond sont inconnues dans ces bassins. Les eaux souterraines ne peuvent pas percer l'épaisse couche d'argile qui les a comblés. Elles sont contraintes de chercher des issues au loin.

Aussi suffit-il , pour obtenir un succès complet dans ce bassin , d'enlever une bande de la couche tourbeuse dont l'épaisseur est ordinairement peu considérable, et de creuser , dans le bri , un fossé dont les déblais servent à la construction de la digue et se lient facilement avec le terrain sur lequel on les dépose et qui est d'une nature identique.

7

D'ailleurs, la position de ces bassins présente d'ordinaire un autre avantage : c'est la possibilité de jeter leurs eaux pluviales en dehors de leurs digues, dans les eaux qui les entourent, parce que le niveau de ces eaux suit le mouvement alternatif de l'Océan, et s'élève ou s'abaisse avec lui à chaque marée.

Ce sont ces circonstances qui ont rendu faciles les desséchemens que Bradley et ses imitateurs ont faits sur les rives de la Sèvre, de la Vendée, de la Charente et de leurs affluens, sur celles de la Gironde et enfin sur les bords de l'Océan.

Je le répète, un desséchement de ce genre est impossible sur la Seugne.

Mais, il y a mieux, lors même que sa possibilité eût été clairement démontrée, j'aurais préféré un demi-desséchement.

Voici mes raisons :

Les terres arables qui entourent le bassin de la Seugne sont d'une nature calcaire, très-sèches et très-légères. Les plateaux y sont rares, les flancs de collines sont facilement dépouillés de leurs sucs nourriciers par l'action des eaux pluviales. Il en résulte que ces terres ont besoin d'engrais abondans et très-consommés. Or les vallées consacrées aux céréales ne rendent rien aux hautes terres. Les grains se consomment au loin, les pailles sur place. Il n'en est pas ainsi dans les vallées couvertes de prairies. On vient de plusieurs lieues à la ronde chercher leurs riches produits ; et après les avoir fait servir à la nourriture des bestiaux, et les avoir convertis en engrais, on dépose leurs résidus dans les hautes terres qui réparent ainsi une partie des pertes que les eaux pluviales leur font continuellement éprouver.

Une des choses les plus utiles à faire pour cette contrée, c'est donc d'augmenter la quantité des prairies naturelles. On trouve d'ailleurs, au point de vue spéculatif, une garantie de la justesse de cette idée dans le haut prix que nos cultivateurs mettent à ce genre de propriété : sur les bords de la Seugné, le prix de l'hectare de prairies est ordinairement triple de celui de l'hectare de terres labourables.

Il est enfin une dernière considération à présenter à ce sujet : c'est que la destruction des moulins devenait la conséquence inévitable d'un desséchement complet.

On remarque, en effet, que ces desséchemens n'ont été effectués que dans les bassins des rivières où on ne trouvait pas d'usines, ou du moins dans lesquels ces usines étaient établies sur les cours d'eau primitifs, tandis que, sur la Seugne, presque tous les moulins sont construits sur des canaux artificiels et collés aux hautes terres. Or, indépendamment des difficultés que j'ai signalées plus haut, il serait impossible d'établir un système complet de digues sans supprimer ces canaux et les usines qu'ils alimentent, et sans froisser, par suite, soit les meûniers, soit l'intérêt de l'Etat qui perçoit sur ces usines des taxes assez élevées. C'eût été soulever des difficultés sans nombre.

D'après les évaluations que je vais présenter à l'instant, le coût des travaux nécessaires pour opérer un demi-desséchement, s'élèvera à 450,000 fr. environ ; le prix d'achat des moulins peut représenter une somme à-peu-près égale. Si nous supprimions ces usines, notre dépense doublerait donc à l'instant ; leur suppression d'ailleurs ferait retomber à la charge du syndicat près de 40,000 mètres d'écours dont les frais de mise en état et d'entretien sont aujourd'hui soldés par les meûniers, qui trouvent, dans les produits de leur industrie, les moyens de supporter cette charge, tandis que le syndicat la prendrait sans aucune compensation puisqu'il serait contraint de laisser sans emploi les forces motrices des eaux de la Seugne que les meûniers utilisent.

En 1769, il est vrai, on proposait d'acheter et de détruire tous les moulins. L'arrêt du Conseil-d'Etat, en date du 27 avril 1770, avait autorisé cette acquisition. Mais, en échange des moulins supprimés, on devait en établir d'autres, en nombre à-peu-près égal, dans des conditions nouvelles, et sur des points différens ; puis ce projet se liait à celui de rendre la Seugne navigable. Aujourd'hui, d'une part, le syndicat n'a en vue que le desséchement, et, d'autre part, si on établit dans le bassin de la Seugne une ligne de navigation artificielle, ce sera à l'aide d'un canal latéral collé aux hautes terres de l'Est, et placé en dehors de la ligne des moulins et des limites du bassin marécageux, sur lequel son action sera nulle.

Ainsi, ce qui était utile, indispensable, même aux auteurs du projet de 1769, est complètement inutile aujourd'hui ; il y a mieux, la suppression totale des moulins pourrait nuire à nos prairies. Il est essentiel que ces terres à base tourbeuse, soient constamment maintenues dans un certain degré d'humidité pour donner des produits sûrs et abondans. Il serait à craindre que ces produits ne diminuassent beaucoup si les eaux s'écoulaient, surtout l'été, avec trop de rapidité. C'est ce qui arriverait probablement si tous les moulins étaient supprimés. D'ailleurs, on peut employer, pour l'irrigation, les eaux des canaux d'alimentation de ces usines et y établir des prises d'eau qui permettraient d'arroser à volonté les prairies, ce qui pourrait devenir d'une haute utilité dans certaines années, pour remédier aux effets d'une sécheresse excessive.

Toutes ces considérations m'ont déterminé à m'élever contre des idées qui n'étaient pas assez mûries, et qui n'ont pas été amenées par une étude approfondie des faits, et surtout de la nature géologique des terrains que contient le bassin de la Seugne.

J'ai donc, dès l'abord, repoussé l'idée d'un desséchement complet, quoiqu'on aurait pu se laisser séduire par la richesse et la puissance de végétation que possèdent les anciennes terres marécageuses des Monards, de la Chucherie, de Boisvignac, etc.; je me suis borné à porter toute mon attention sur les moyens à employer pour obtenir un demi-desséchement.

On sait que dans un demi-desséchement, on conserve en prairies submersibles les terrains desséchés, et qu'on laisse aux eaux leur cours ordinaire. Si on apporte quelque changement dans leur système général, ce n'est que par l'élargissement, l'approfondissement et le redressement des canaux qui les reçoivent. Du reste, les eaux de l'hiver recouvrent ces terrains comme à l'ordinaire, elles y roulent sans obstacles, et leur passage sur le sol des prairies, loin d'être nuisible, devient au contraire un puissant auxiliaire pour la végétation ; car ces eaux entraînent avec elles et déposent sur leur passage les débris des matières organiques qu'elles tiennent en suspension, et qui forment l'engrais naturel des prairies.

Dans un demi-desséchement, on conserve la majeure partie ou la totalité des usines : il faut seulement les assujettir à un réglement d'eau, dont les conditions soient calculées de manière à protéger les intérêts de tous. On évite ainsi une énorme dépense, et on trouve dans les propriétaires des moulins, des auxiliaires pour les frais d'entretien et le recurage des écours qui traversent les prairies.

Tels sont les faits généraux qu'une inspection attentive du bassin de la Seugne m'a révélés. J'ai jugé nécessaire de les exposer avec détail, car sans la connaissance de ces faits, sans l'appréciation des conséquences qui en découlent, il était impossible d'avoir une idée nette de l'opération que nous avons projetée, et des chances de succès qui l'accompagnent.

Telle est, qu'on me permette ce mot un peu ambitieux peut-être, telle est ma théorie. Si elle est exacte, et j'ai lieu de le croire, car pour moi l'étude des faits a été l'unique préoccupation, et la théorie n'est venue qu'à la suite, comme une conséquence nécessaire, comme un moyen de grouper en faisceau et de généraliser les idées que ces mêmes faits m'avaient données, la possibilité du desséchement, dans les conditions que je viens de décrire, serait donc démontrée, et il ne me resterait qu'à indiquer, au point de vue général, et sans vouloir trop entrer dans l'examen des questions pratiques qui seront du domaine de l'ingénieur que nous chargerons de la confection de notre plan, les moyens à employer pour obtenir les résultats que j'ai signalés comme possibles.

Je passe à l'examen de ces moyens.

D'après ce qui précède, il est clair que ce n'est pas à des causes naturelles et souvent invincibles, que la submersion de nos prairies est due. Les causes du mal, ici, se trouvent uniquement dans les barrages artificiels qui gênent le cours de la Seugne, dans la mauvaise disposition des écours principaux, et dans les inégalités de niveau qu'on remarque à la surface du bassin marécageux.

Il y aurait donc, selon moi, cinq choses essentielles à faire pour effectuer un demi-desséchement, tout en conservant la majeure partie des usines.

Il faudrait :

1° Abaisser le plan d'eau des moulins, en supprimer même quelques-uns, s'il le faut, et établir des déversoirs à niveau fixe à toutes les chaussées ;

2° Détruire les pêcheries ;

3° Recurer, redresser et approfondir les principaux écours de la Seugne ;

' 4° Creuser dans les parties basses du marais, dans la direction du Sud au Nord, des canaux ou fossés de ceinture qui suivraient parallèlement à la Seugne, la pente générale du terrain, et qui déboucheraient en aval et non en amont des moulins ;

5° Réunir les eaux, à l'extrémité inférieure du bassin, dans un canal de décharge qui les déverserait dans la Charente.

Je vais examiner séparément chacun des moyens que je viens d'indiquer, et je dirai les motifs qui m'ont déterminé à les proposer.

# I

## MOULINS.

### (Abaissement du plan d'eau des moulins, établissement de déversoirs à chaque chaussée.)

L'association syndicale de 1753 avait compris, comme nous, qu'il était impossible de conserver les moulins dans l'état où ils se trouvaient. Elle demandait qu'on abaissât le plan d'eau dans leurs écours d'alimentation, et, en outre, la suppression des moulins de Rabaine, de Crève-Cœur et de Chante-Merle. Cette demande lui fut octroyée; elle était, du reste, conforme aux principes qui régissent la matière.

Les concessions de prise d'eau, dans les rivières non navigables, tombées dans le domaine public, peut-être par une usurpation du droit des riverains, sont toujours subordonnées à cette condition : que les usines ne nuiront pas aux prairies supérieures. C'est là un principe hors de toute contestation, et qui fait règle en matière de jurisprudence administrative. Aujourd'hui, toute ordonnance royale de concession contient une clause expresse à ce sujet.

La faculté de demander un réglement d'eau est une conséquence de ce principe. C'est l'exercice du droit qu'il concède aux riverains. Ce droit, nous en avons usé, et l'autorité administrative a ordonné que des nivellemens fussent faits et qu'un plan lui fût présenté. Ce travail a été retardé par des circonstances fortuites ; il sera entamé sérieusement cet été.

Le résultat de cette opération indiquera de combien de centimètres les seuils des vannes mouloires devront être abaissés, et quels sont les moulins dont la suppression deviendra indispensable. Je crois cependant pouvoir dire, à l'avance, que la destruction, ou une profonde modification dans l'assiette des usines de Crève-Cœur et de Moulin-Neuf, me paraît une chose indispensable.

Cette opération bien entendue, conçue dans un esprit d'équité et avec le respect des droits de tous, ne diminuera en rien la valeur des moulins conservés. Si elle coïncide avec le recurage des écours de la Seugne et la suppression des pêcheries, la marche des eaux sera activée en aval comme en amont des usines, elles arriveront plus rapidement sous leurs roues motrices, et elles leur imprimeront un mouvement plus vif et plus égal.

Les moulins de Chante-Merle, de Courcoury, de Gâtebourse et de Roanne, sont les seuls qui pourraient éprouver un préjudice sensible de l'abaissement du seuil de leurs vannes mouloires, parce qu'ils seraient plus facilement engorgés à l'époque des hautes crues de la Charente. Mais je crois que cet inconvénient serait compensé pour eux, comme pour les autres moulins, par les avantages que je viens d'indiquer. Dans tous les cas, la question se résoudrait en une indemnité calculée sur la durée du prolongement du chomage qu'entraîneraient les changemens apportés dans l'assiette de ces moulins; si tant est cependant qu'il y ait lieu à indemnité en pareille occurrence.

D'après ce que j'ai dit plus haut, on a dû comprendre que le but qu'on doit chercher à atteindre, c'est d'être maître des eaux de la Seugne au printemps et dans l'été, et d'empêcher qu'elles ne sortent de leur lit pour inonder les marais. Or, pour atteindre ce but, il sera indispensable de fermer ou de garnir d'empelle-mens les têtes des nombreux fossés qui vont y prendre les eaux qu'ils jettent ensuite dans le bas marais où elles restent stagnantes. Si ce travail est fait avec soin, il est clair que les moulins conser-veront en entier leurs eaux d'alimentation; ce qui est d'une grande importance pour eux, surtout l'été. Les meûniers gagneront donc à ces travaux et nous aussi, car ces eaux ainsi contenues et maîtri-sées par des berges solides, auront plus d'action sur les dépôts limoneux qui ont lieu dans leur lit. Les attérissemens qu'on y remarque aujourd'hui, s'y formeront avec moins de facilité.

Mais si nous avons intérêt, en temps ordinaire, à maintenir les eaux dans leur lit, nous devons aussi chercher à leur ouvrir des issues au moment des crues subites du printemps et de l'été.

On atteindra ce but, en construisant sur chaque chaussée un ou deux déversoirs fixes à grandes dimensions, et dont le niveau sera établi dans un rapport convenable avec celui des prairies supé-rieures. Un de ces déversoirs pourrait être placé à la partie infé-rieure des biefs, et aux approches des moulins; l'autre, dans des conditions un peu différentes, à la tête des chaussées, et en face des anciens écours naturels de la Seugne qu'on appelle *Etiers-Morts*. On rendrait ainsi aux eaux de la Seugne leurs anciennes issues; et si tous nos écours étaient en bon état, les eaux des crues marche-raient rapidement, de déversoirs en déversoirs, vers la partie inférieure du bassin où elles seraient reçues dans le canal de décharge qui les conduirait à la Charente, et les désastreux effets qu'elles produisent aujourd'hui, seraient, sinon complètement évités, au moins considérablement diminués.

Si on avait la crainte d'enlever, en temps ordinaire, par l'établissement de ces déversoirs, une trop grande masse d'eau et de nuire ainsi aux prairies, on pourrait les construire de manière à recevoir des barrages mobiles, à l'aide desquels on réglerait le niveau d'eau. Ces barrages seraient enlevés, en tout ou en partie, au printemps, au moment où il faudrait débarrasser les prairies des eaux qui les recouvriraient.

Il serait d'une haute importance que la direction de ces déversoirs fût remise aux mains de l'association syndicale. S'il en était autrement, on se trouverait placé avec les déversoirs, exactement dans la même position où on se trouve aujourd'hui avec les vannes de décharge. Il est évident que, par le moyen de ces vannes, dont le seuil est au niveau du fond des biefs des moulins, on peut facilement en tirer toutes les eaux ; si donc elles étaient ouvertes avec soin à chaque crue, elles produiraient un effet plus puissant encore que les déversoirs. Mais, malheureusement, ces vannes sont placées entre les mains des meûniers qui, il faut le dire nettement, ont un intérêt opposé à celui des propriétaires de prairies. On sait avec quelle négligence et quel mauvais vouloir, ils exécutent les ordres, toujours tardifs du reste, de l'administration pour la levée des pelles. Les propriétaires sont donc placés dans leur dépendance, et ils en souffrent. En demandant que la direction des déversoirs soit laissée aux soins du syndicat, je ne tombe pas dans le même inconvénient, et je n'abandonne pas au caprice des propriétaires les intérêts des meûniers. Ces intérêts seront garantis par la fixité du niveau des déversoirs, qui ne pourra pas être abaissé. Les usines recevront donc toujours la même masse d'eau. Si ce niveau était relevé momentanément par un barrage, ces établissemens, loin d'en souffrir, gagneraient, puisque la masse des eaux d'alimentation serait augmentée. Je n'insisterai pas au surplus sur ce point, car un réglement de police administrative devra déterminer les droits de chacun, et leur mode d'exercice.

Il est enfin un autre avantage que les propriétaires d'usines trouveront dans le système des déversoirs. Ce serait de pouvoir, à volonté, exhausser leurs chaussées et leur donner ainsi la force et la solidité qui leur manquent si souvent et qui est pour eux une cause de dépense continuelle et de discussions sans fin avec les propriétaires des prairies supérieures. Peu importera à ces derniers cet exhaussement s'il ne nuit en rien à l'écoulement des eaux. Plus tard, ces chaussées pourraient devenir un moyen de communication entre les deux rives de la Seugne par l'établisse-ment de ponceaux sur les déversoirs. Ces communications ont été si difficiles, de tout temps, que les coutumes, les mœurs, les costumes, l'accent des populations qui habitent les bords de la Seugne, diffèrent d'une rive à l'autre, et avec des caractères tellement tranchés que ces populations semblent appartenir à deux races différentes.

Les meûniers n'ont donc pas la moindre objection plausible à faire à notre double demande, relative à l'abaissement du plan d'eau des moulins et à l'établissement des déversoirs. Les hommes les plus intelligens parmi eux le comprennent ainsi ; ils appellent de tous leurs vœux l'exécution de ces mesures dont les avantages leur paraissent incontestables, et qui mettront un terme aux luttes continuelles qui existent depuis si long-temps, soit entre eux , soit avec les propriétaires des prairies et des pêcheries , et qui ont été souvent la cause de procès ruineux.

## II

### DES PÊCHERIES.

### (Destruction.)

La destruction des pêcheries est une de ces mesures vives, mais indispensables , devant laquelle l'association syndicale de 1753 n'a pas reculé.

Le fait est qu'après leur suppression , l'état des prairies s'améliora avec une rapidité merveilleuse.

Les moulins y gagnèrent aussi considérablement.

Ces faits sont consignés dans les archives de l'association qui nous a précédés.

J'ai hésité long-temps avant de proposer l'adoption de cette mesure. J'étais arrêté par la crainte d'un excédant de dépense ; et , surtout , par celle d'enlever à nos pêcheurs pauvres un de leurs principaux moyens d'existence. J'ai eu d'abord la pensée qu'en apportant quelques modifications dans la disposition des barrages de ces petits établissemens de pêche , et des *halliers* ou fossés de décharge qui les bordent, et surtout en les soumettant à une bonne police , on pourrait arriver à en diminuer considérablement les mauvais effets. Mais, après y avoir plus mûrement réfléchi, j'ai reconnu , d'une part, que plusieurs de ces pêcheries appartiennent à des propriétaires aisés ; que nos pêcheurs pauvres se servent presque constamment de filets mobiles pour la pêche et qu'ainsi la suppression des barrages fixes ne leur causerait pas un trop grand préjudice ;

D'autre part, qu'il serait impossible d'obvier au plus grave des inconvéniens qui résultent de ces barrages, c'est-à-dire d'empêcher la formation des attérissemens qu'on remarque régulièrement en aval des *Pécheries*, et qui sont dûs à l'action et à la disposition du violent courant qui se forme à leur tête dès que leur fascinage est établi.

Si nous maintenions les pêcheries, nous serions donc assujettis, chaque année, à des travaux de recurage très-onéreux et qui, d'ailleurs, ne pourraient être effectués que très-tardivement, et après la coupe des foins, ce qui entraînerait de graves inconvéniens.

Et puis il était à craindre que les modifications que nous aurions ainsi apportées dans le régime des pêcheries ne leur enlevassent tous les avantages que leur état actuel procure à leurs propriétaires. C'eût été un moyen détourné de détruire, sans indemnité, ces propriétés entre leurs mains. C'eût été la pire des injustices.

Frappé de ces inconvéniens, je n'ai plus hésité à proposer la destruction des pêcheries.

Nous aurons donc à demander au gouvernement de faire revivre à ce sujet les dispositions des arrêts du Conseil-d'Etat que j'ai cités plus haut.

Reste actuellement la question de savoir si le syndicat sera tenu d'indemniser les propriétaires de ces petits établissemens de pêche, et de faire, à ses frais, la dépense qu'entraînera leur démolition.

On peut s'étayer, pour soutenir la négative, des dispositions de nos vieilles ordonnances sur les eaux et forêts, et surtout de ce que les pêcheries anciennes ont été démolies, conformément aux dispositions de l'arrêt du Conseil-d'Etat du 17 avril 1753.

On pourrait dire que celles qui existent aujourd'hui ont été rétablies sans droit , et au mépris des dispositions de cet arrêt , et
même de celles de l'arrêté du Directoire, en date du 4 mai 1792.

Cependant , je suis obligé de convenir que les dispositions
dont je viens de parler m'ont constamment paru entachées d'in-
justice et n'ont constitué à mes yeux qu'un abus de la force. La
construction de la plupart de ces établissemens était , en effet ,
comme celle des moulins , la suite des concessions faites par les
anciens seigneurs à titre onéreux. Leurs propriétaires sont bien
aujourd'hui déchargés des redevances féodales qui les grévaient
dans l'origine , mais c'est par l'effet des lois de 1793 qui les ont
laissés en paisible possession des pêcheries. Avec le temps , ces
établissemens sont donc devenus , comme les moulins , qui ne
sont plus assujettis également aux redevances qu'ils soldaient
avant 1793 , des propriétés privées qui sont entrées dans le
commerce. Elles s'acquièrent , se transmettent comme les autres
par l'effet des ventes , des donations , des partages et des échan-
ges. La cour royale de Poitiers a déjà reconnu ce principe lors
du procès qui a eu lieu , il y a quelques années , entre les propriétaires du moulin de Château-Renaud et le sieur Quinaud , de
Sermadelle.

Puisqu'il en est ainsi , comment pourrait-on arriver à détruire
ces établissemens sans indemniser leurs propriétaires ? cela me
paraît difficile. Ce serait , à plaisir , vouloir se jeter dans des
difficultés inextricables et soulever des résistances infinies.

Je crois que la marche de l'association de 1753 aurait été plus
facile , et les efforts de ses syndics plus fructueux, si on avait alors
adopté les idées que j'émets ici. On souleva de vives résistances,
et on consomma beaucoup d'argent pour ne rien produire de
stable. Les pêcheries, à peine détruites , étaient rétablies par

leurs propriétaires exaspérés , ils protestaient ainsi contre une mesure injuste et violente. On reconnut plus tard combien elle était impolitique, car dans des opérations du genre de la nôtre, où il se rencontre tant de difficultés, où il faut si souvent que l'intérêt privé cède à l'intérêt général , on ne saurait avoir trop de soin à n'agir qu'en suivant les principes de l'équité la plus stricte, et en marchant avec l'assentiment des populations et en quelque sorte avec elles.

Je désire vivement que nous suivions une marche opposée à celle de nos prédécesseurs. Je crois donc qu'il y a lieu d'indemniser les propriétaires des pêcheries , quand ils justifieront que l'existence de ces établissemens de pêche est basée sur un titre ancien. A défaut de titres, on pourrait exiger une possession immémoriale. L'état dressé en 1769 pourra nous servir de point de départ , car toutes celles établies depuis cette époque doivent évidemment être supprimées sans indemnité.

Au surplus , l'administration supérieure décidera la question. Elle dira aussi , dans le cas où une indemnité serait accordée aux propriétaires des pêcheries , si les propriétaires des moulins devront en solder une partie , et dans quelle proportion. L'arrêt du 17 avril 1753 l'avait décidé ainsi, en principe, quant aux frais de démolition.

Mais quelle que soit la décision de l'administration quant à l'indemnité , je persiste à penser que l'existence des pêcheries est incompatible avec l'amélioration de nos prairies , avec celle des moulins, et qu'il faut absolument les détruire si on veut maintenir les écours de la Seugne en bon état, empêcher les attérissemens et procurer aux eaux un écoulement facile vers la Charente.

### III.

**Recurage, redressement et élargissement des principaux écours de la Seugne.**

Je n'ai pas besoin d'insister longuement pour démontrer qu'il est urgent de recurer, de redresser et d'élargir sur certains points, les écours de la Seugne. Ils sont dans un état déplorable, et cela depuis des siècles.

L'arrêt du Conseil-d'Etat, du 17 avril 1753, nous en fournit la preuve.

Le mauvais état de nos cours d'eau ne tient pas uniquement à la négligence de l'homme. Il a été aussi le résultat de sa volonté mauvaise ou irréfléchie, et souvent des entreprises des meûniers qui ont cherché par là à se procurer une masse d'eau supérieure à celle qu'ils devaient régulièrement avoir. C'est ainsi qu'on a établi à la tête des écours de la Reganne, de la Seugne-Marrau, et de la Digue, des barrages pour faire déverser les eaux sur les moulins de Crève-Cœur, de Courpignac et de Roanne.

Parfois aussi, les propriétaires ont comblé eux-mêmes les écours pour y établir des passages ou *graviers* afin de les traverser à *gué*, et de pénétrer dans les prairies. Ces passages se font, tantôt en jetant dans les écours d'énormes tas de rouches, tantôt en y amoncelant des pierres. Quand l'usage les a rendus impraticables, on en établit d'autres un peu plus loin, mais on néglige d'enlever les matériaux qui ont servi à la construction des premiers. Lorsque j'ai fait faire le recurage de la Seugne-Marrau, l'entrepreneur a trouvé, sous la vase, dans le lit de cet écours, et dans un intervalle de 1,000 mètres de développement, plus de dix passages de ce genre ou graviers dont personne dans le pays ne soupçonnait l'existence.

On comprend qu'avec de tels abus l'obstruction de nos écours soit une chose toute simple. Mais la cause principale de l'envasement de plusieurs se trouve dans leur défaut de rectitude, qui, d'une part, ralentit la masse des eaux, et, d'un autre côté, facilite singulièrement l'arrêt des herbes au moment où les meûniers fauchent les biefs de leurs moulins. Ces herbes s'accumulent dans les angles rentrans de ces canaux tortueux, où elles se trouvent repoussées par l'action des remous, et cela en telle quantité, qu'au bout de quelques heures, elle obstruent complètement le passage et forment des barrages qui arrêtent les eaux et les obligent à refluer sur les prairies.

J'ai vu très-souvent des barrages de cette sorte assez solides pour supporter le poids d'un homme. Ils servaient de ponts pour aller d'une rive à l'autre.

Au bout de quelques semaines, ces masses d'herbes aquatiques s'affaissent dans les écours et elles forment la base de nouveaux attérissemens.

Parmi ces écours, la majeure partie sont trop étroits, surtout dans la partie inférieure du bassin. Leur peu de largeur et de profondeur ne leur permet pas, au moment des crues, d'admettre la masse d'eau que leur fournissent les écours supérieurs. C'est là un grand inconvénient ; il faudra s'empresser de le faire disparaître.

Le recurement général des écours de la Seugne, leur redressement et leur élargissement dans certaines parties, sont donc des opérations indispensables.

## IV

### DES FOSSÉS DE CEINTURE.

J'ai déjà dit que la disposition des écours du centre s'opposait, avec l'élévation de leurs berges, à ce que les eaux, une fois sorties de leur lit, pussent y rentrer. A chaque crue, soit de l'hiver, soit du printemps, ces eaux franchissent leur rives. Elles suivent les pentes latérales du bassin vers les parties basses du marais, mais une fois arrivées à ce point, elles restent stagnantes sur le sol des prairies, car elles se trouvent enclavées, d'une part, par les hautes terres, de l'autre par les chaussées des moulins.

Il est évident qu'il faut ouvrir des issues à ces eaux mortes.

On atteindra ce but par l'établissement de grands fossés ou canaux que j'appellerai *fossés de ceinture*, parce que, sur presque tous les points, ils formeront la limite du bassin marécageux. Ces fossés, après avoir pris les eaux dans les parties basses du marais, les rendront, en suivant la pente générale du sol vers le Nord, aux écours principaux, en *aval* des moulins, et non en *amont*, comme cela a lieu aujourd'hui.

Pour atteindre ce but, il faudra faire passer ces canaux entre les moulins et la terre ferme. Cela est facile. On y parviendra à l'aide de légères coupures dont la profondeur ne dépassera pas trois mètres, en moyenne, et qui étant garnis de pontceaux, ou se terminant en aqueducs souterrains, ne nuiront en rien à la liberté du passage et à l'exploitation des usines.

Ces canaux devront être munis d'empellemens vis-à-vis des moulins, d'abord pour permettre de retenir les eaux à volonté sur les prairies, quand on le jugera utile; ensuite pour empêcher, pendant les crues d'hiver, que les moulins ne soient engorgés par le rejet d'une trop grande masse d'eau en aval.

Il serait du reste facile de remédier à ce dernier inconvénient en prolongeant les fossés de ceinture au-delà des moulins , et en faisant déverser leurs eaux dans les écours principaux à une grande distance , en aval.

A ces fossés principaux se relieraient de distance en distance, en suivant les ondulations du terrain , des fossés ou rigoles secondaires qui leur amèneraient les eaux des parties basses trop éloignées d'eux.

Voici , selon moi , comment ce système de fossés de ceinture pourrait être établi sur les deux côtés du bassin marécageux.

Du côté de l'Est , le premier fossé partirait de Tartifume. Il longerait les prairies de Bougnaud et déboucherait en aval de Châteaurenaud à l'aide d'un petit aqueduc souterrain garni d'un empellement. Des rigoles secondaires devraient être établies dans ces prairies.

Depuis Châteaurenaud jusqu'à Sermadelle , il n'y a rien à faire , puisque le canal creusé pour l'établissement du moulin longe le pied des collines et occupe la partie la plus basse du bassin.

Quelques saignées destinées à couper les chantiers et à tirer les eaux du centre de cette prairie et de celle de Sermadelle, seraient très-utiles.

A partir du pré Saint-Jean , au-dessous de Sermadelle, il serait nécessaire de récurer un ancien fossé qui était destiné à l'écoulement des eaux stagnantes des prairies voisines , notamment de celles appelées les Rouchés ; il se continuerait à travers les mottes d'Auvignac et la prise dite du Marais ou de Tandulier , pour déboucher, en aval du moulin d'Auvignac, également à l'aide d'un aqueduc souterrain muni d'un empellement.

A la suite du moulin d'Auvignac, il existe un ancien fossé de ceinture qui longe le pied des collines jusqu'à Mérignac, en contournant la prairie d'Entre-deux-monts : ce fossé jette ses eaux en aval du moulin, en passant entre cette usine et le jardin de MM. Otard. Sa tête est garnie d'un petit empellement.

Il faudrait le rétablir et lui donner des dimensions plus considérables.

Un pont et un empellement seront indispensables à sa tête.

A l'Ouest des moulins d'Auvignac et de Mérignac se trouvent les prairies de Non-de-beau et d'Entre-les-eaux. Il serait nécessaire d'y creuser des rigoles de desséchement pour déverser les eaux de leurs parties basses dans les écours qui les entourent.

Depuis Mérignac jusqu'à Jarlac, il n'y a point de nouveaux fossés à creuser.

Les travaux exécutés sur ce point par M. De Lilleferme, l'ancien syndic de l'association de 1753, suffiront pour le desséchement.

L'eau est dormante aujourd'hui dans ces beaux canaux, larges de cinq mètres, profonds de deux, et dont le développement total est de plus de 9,000 mètres. Mais dès que le moulin de Crève-Cœur sera supprimé, et que le seuil de la *Fossade* et le barrage de la tête de la *Regane* seront enlevés, les eaux y marcheront rapidement ; car ce sont là les seuls obstacles qui s'opposent à leur écoulement. Le fossé de ceinture qui longe les hautes terres depuis Mérignac jusqu'à Jarlac, a 3,500 mètres de développement.

Les écours de la Regane et du Jard sont placés dans la partie la plus basse des marais situés entre Jarlac, la Fossade, Rabaine

et l'Aubrade. Si Moulin-neuf et Crève-Cœur sont supprimés , et
le seuil de la Fossade abaissé et remplacé par un pont, ces écours
et celui de Chante-Merle suffiront, sans aucun doute , pour tirer
toutes les eaux stagnantes de ces marais. Des fossés de ceinture
sur ce point me paraissent dès-lors complètement inutiles. Seulement on devrait rétablir d'anciens fossés qui , autrefois , étaient
destinés à jeter dans les écours de la Regane et du Jard les eaux
des marais situés entre ces écours et les moulins de Rabaine , d'un
côté, et de l'Aubrade, de l'autre.

Je regarde également comme inutiles des fossés de ceinture depuis
Moulin-neuf jusqu'à l'entrée de l'écours de Courcoury , dans la
profonde tranchée qu'on a creusée pour conduire ses eaux au moulin qu'il alimente. L'abaissement du seuil des vannes mouloires
de l'usine suffirait. Quelques rigoles devraient cependant être creu-
sées, ou simplement recurées, dans l'intérieur de ces marais. Mais,
à partir de ces points, il serait indispensable d'établir un fossé le
long des terres de Courcoury jusqu'au moulin du Gua , et de le
garnir d'un empellement. Au surplus ce fossé existe déjà , mais
il est en fort mauvais état, et il débouche en amont du moulin. Il
ne sert donc à rien actuellement; si on le fait déboucher en aval,
il deviendra extrêmement utile.

Depuis le Gua jusqu'à la Charente, on rencontre , à l'Ouest de
l'écours de Gâtebourse , plusieurs fossés qui jettent les eaux des
prairies , soit dans cet écours , et en aval du moulin , soit dans
le canal de la Digue-droite, soit dans l'écours de Roanne.

Il pourrait être très-utile de recurer quelques-uns de ces petits
cànaux dont les eaux, ainsi qu'on le voit, sont indépendantes des
moulins quant à leur écoulement.

Enfin, quelques travaux du même genre devraient être effectués
dans la prise de Florentin. (Bassin nº 11). Ils consisteraient dans

le rétablissement d'un ancien fossé qui jetait autrefois dans l'é-
cours de Chantemerle, les eaux de ses parties basses et centrales.
Ce fossé est complètement comblé aujourd'hui. Il faudrait aussi
élargir et approfondir, à son extrémité Nord, le fossé qui sépare
ce bassin de la chaussée de Port-Chauveau.

Maintenant, et passant du côté Ouest du bassin, voici, aussi
par aperçu, l'indication des travaux à faire.

Ici, le fossé de ceinture peut être facilement rendu indépendant
des moulins. On pourrait même le conduire, sans interruption,
jusqu'à la Charente ou tout au moins jusqu'en aval de Courcion.

Ce fossé prendrait son point de départ dans les prairies de
Saint-Léger. Là, tout est fait déjà ; de beaux canaux, larges de
4 à 5 mètres, dont le développement total est de 6,000 mètres,
sont établis dans d'excellentes conditions. Une partie va raser le
pied des hautes terres. Malheureusement, ils débouchent en
amont du moulin du Gua, et les eaux y sont presque stagnantes.
Il suffirait de les recurer et de les faire déboucher en aval du
moulin pour les rendre d'une grande utilité. Un empellement et
un ponceau devront être établis près de cette usine.

Ce fossé de ceinture ne jetterait pas ses eaux dans l'écours du
moulin. Il se continuerait toujours en suivant la partie basse du
marais, jusqu'à l'écours de Colombiers, puis il laisserait ce moulin
sur la droite et il se dirigerait, en suivant les ondulations du
terrain, après avoir reçu les eaux du plateau des *Terrières*, sur
la chaussée de Rabaine qu'il traverserait à-peu-près vis-à-vis la
prise dite *des Jolis*.

Ce fossé prendrait, à ce point, les eaux de l'écours de Fonromand et les détournerait vers le Nord. Un ponceau et un
empellement devraient être construits vis-à-vis le moulin de Colombiers.

Un pont serait aussi indispensable au point où le fossé couperait la chaussée de Rabaine, pour faciliter la sortie des marais.

Le sol de ces marais ne présente pas une surface parfaitement égale. Il en résultera la nécessité d'établir des rigoles secondaires qui viendraient s'embrancher avec le canal principal.

A partir de la prise des Jolis, il y aurait deux directions à suivre :

La première sur Courcion;

La seconde sur la Charente.

Dans le cas où on suivrait la première direction, le fossé traverserait obliquement le marais des Breuils et il déboucherait en aval du moulin de Courcion. Ses eaux se réuniraient à celles de l'écours qui se dirige sur Courpignac, et leur trop-plein se déverserait dans la Seugne-Marrau, ou autrement dit le canal de décharge, en passant sur un déversoir à barrage mobile qu'il serait indispensable de construire vers la tête du Pré-Chapitre. L'établissement de deux ponceaux serait nécessaire sur ce fossé pour la sortie du marais des Breuils et l'accès du moulin de Courcion.

Deux empellemens ou barrages mobiles pourraient aussi devenir utiles pour retenir les eaux sur les prairies et régler leur niveau. Seulement, comme ce canal recevrait une grande masse d'eau provenant des sources des Terrières et de Fondromand, on ne pourrait en faire usage que rarement.

Le bassin en amont de Courcion est très-vaste et sa superficie inégale. Il sera indispensable aussi d'y creuser des canaux secondaires.

La seconde direction consisterait à atteindre le canal de décharge, en aval de Roanne, en restant constamment en dehors de la ligne des moulins et en traversant le bassin des Anglades

Celle-ci serait peut-être la meilleure, quoique la plus coûteuse.

Il existe en effet, entre les deux bassins marécageux des Breuils

et des Anglades, une langue de terre, large de 400 à 500 mètres
environ, élevée de trois mètres en moyenne au-dessus du niveau
des deux bassins et qu'on appelle les terres de Courcion.

A l'endroit dit le *Chemin Vert*, on rencontre une dépression
de terrain très-prononcée. Il m'a semblé facile d'y creuser la continuation du fossé de ceinture qui traverserait ensuite le bassin
de l'Anglade, en recevrait les eaux, longerait le pré des *Pointas*,
parallèlement à l'écours de Courpignac, passerait à côté du
moulin de ce nom, au pied de l'ancien château de Thérac, recevrait les eaux du bassin des Arènes et jetterait enfin les siennes
dans le grand canal de décharge, en aval de Roanne, qu'il laisserait sur sa droite. Comme il recevrait une grande masse d'eau,
sa largeur devrait être plus considérable que celle des autres
fossés.

Les eaux de ce fossé seraient extrêmement utiles, dans les
années sèches, pour l'irrigation du bassin des Anglades, qui manque de sources vives. Les récoltes seraient dans ce cas complètement assurées. Ce serait un grand avantage et qui pourrait
compenser l'excédant de dépense que j'indique.

Peut-être, d'un autre côté, serait-il possible, attendu la différence de niveau qui existe entre les eaux de l'écours de Courpignac, vis-à-vis du col du bassin des Anglades et la Seugne-
Marrau, d'établir, au-dessous du premier écours, un passage
souterrain, ou *gargouille*, qui recevrait les eaux du fossé de
ceinture et les jetterait dans la Seugne-Marrau.

Ce travail ne me paraît pas présenter de grandes difficultés
parce que le sol sur lequel repose l'écours de Courpignac est très-
solide et que cet écours a très-peu de profondeur. On éviterait
par là la construction de 1,350 mètres de fossés, depuis le col
du marais des Anglades jusqu'à Courpignac, et, dans ce cas, on

se bornerait à jeter les eaux des marais des Breuils derrière Courcion, sans faire communiquer les deux bassins marécageux ensemble.

Ces questions seront au surplus résolues par l'Ingénieur chargé de la confection du plan.

Seulement, je ferai observer que si on ne jette pas les eaux du bassin des Anglades dans la Seugne-Marrau, en les faisant passer sous l'écours de Courpignac, il faudra, de toute nécessité, pour opérer le desséchement de ce bassin, donner à ses eaux une issue indépendante du bief d'alimentation du moulin, et établir, pour atteindre ce but, un canal d'écoulement dans l'intérieur, et un canal de décharge qui déboucherait en aval de Courpignac.

Au surplus, dans l'une comme dans l'autre hypothèse, on enlèverait au moulin de Courcion les eaux de Fondromand et celles des Terrières, et il est impossible de faire autrement, si on veut dessécher les marais situés à l'Est de la chaussée de Rabaine; mais il n'en résulterait aucun inconvénient pour cette usine, si on lui conservait, en échange, une plus grande partie des eaux descendant de Rabaine : aujourd'hui ces eaux s'échappent par les écours de la Chaume, du Traut et de la Vergné, et elles vont submerger les bas marais de Courcoury. On pourrait régler ces eaux en établissant à la tête de ces écours des déversoirs à barrage, soit fixes, soit mobiles.

A l'aval de Roanne, et sur la gauche, se trouvent quelques prises de prairies et notamment celles de Gonds qui sont dans un état déplorable. Si le canal de décharge qui les traversera probablement, ne suffit pas pour tirer les eaux de leurs parties basses, il faudrait faire recurer et remettre en état

plusieurs centaines de mètres d'anciens canaux qui sont aujour-
d'hui presque entièrement comblés.

Tels sont, je le crois du moins, les moyens de procurer un
écoulement aux eaux qui submergent les parties basses de nos
marais.

## V

### DU CANAL DE DÉCHARGE.

Dans tous les desséchemens, il y a nécessairement un canal
principal qui prend les eaux à leur point de réunion et les jette
dans le bassin inférieur.

Un canal de ce genre est plus utile sur la Seugne que partout
ailleurs, car il est indispensable de donner aux eaux de cette
rivière, pendant les crues de l'hiver, du printemps et de l'été,
une issue indépendante de celles des moulins et de leur procurer
assez de force pour contrebalancer l'effort de celles de la Charente
au moment des hautes eaux. Divisées, leur action serait nulle.

Ce canal recevrait, en tout temps, à l'aide de déversoirs con-
venablement distribués, les eaux qui se trouveraient en excès
dans les biefs d'alimentation des moulins, et celles qui seraient
nuisibles aux prairies et qui leur seraient apportées soit par les
écours naturels, soit par les fossés de ceinture.

La position de ce canal est facile à déterminer. Je l'ai déjà
indiquée en faisant la description des écours de la Seugne.

En aval de Courcion, à la suite du pré des *Portes*, toutes les
eaux de la Seugne, sauf celles qui passent par la Fossade et par

Courcoury, se réunissent dans un seul écours, large , profond , et qui est évidemment l'ancien lit de la rivière.

À 250 mètres plus bas , ces eaux se divisent pour l'alimentation des moulins situés à droite et à gauche du col de l'Etier-Ferré. C'est alors que la surface du bassin commence à changer de forme et qu'elle représente deux plans inclinés s'abaissant l'un vers l'autre. C'est au point de réunion de ces deux plans que coulent les écours de la Seugne-Marrau et de la Digue , et c'est évidemment sur la ligne qu'ils suivent que doit être établie l'assiette du canal de décharge.

Il faudrait donc le creuser dans cette direction, à partir de la hauteur du Pré-Chapitre.

On règlerait par des déversoirs ou barrages submersibles, ou, si on le trouve plus avantageux, à l'aide d'une écluse , la masse d'eau que devraient recevoir les deux écours d'alimentation des moulins ; le canal de décharge recevrait le surplus des eaux.

Ce canal, toujours en suivant la ligne des deux écours dont je viens de parler, devrait se prolonger jusqu'à la hauteur du moulin de Roanne.

Arrivé à ce point , il y a deux directions à suivre :

La première, en le portant en ligne directe sur la Charente.

Dans ce cas, il joindrait le fleuve près de l'embouchure de l'écours de Roanne , et il aurait 4,500 mètres de longueur , à partir du Pré-Chapitre.

La seconde consisterait à lui faire faire un angle sur la gauche et à le diriger obliquement sur la Charente , qu'il atteindrait à-peu-près vis-à-vis de Saint-Sorlin. Il traverserait ainsi les prairies des Gonds , en suivant une ligne presque parallèle à celle du fleuve et à celle de l'écours appelé la Vieille-Seugne. Dans ce cas , il aurait 5,500 mètres de longueur.

Cette dernière direction pourrait avoir plusieurs avantages. Au moment des crues de la Charente, elle faciliterait l'écoulement des eaux de la Seugne, qui, dans cette hypothèse, ne lutteraient plus avec celles du fleuve, ce qui arrive nécessairement aujourd'hui, où le confluent a lieu à angle droit.

Elle préviendrait surtout, et c'est une chose très importante, l'envasement du canal qui deviendrait plus facile, s'il était placé dans une position transversale au cours de la Charente.

Et enfin, elle permettrait de recevoir dans ce canal une partie des eaux qui croupissent dans les prairies des Gonds.

Il en résulterait, il est vrai, une dépense plus considérable. Elle serait d'un cinquième en sus environ.

Mais quelle que soit la ligne que l'on choisisse pour l'assiette de ce canal, il est hors de doute qu'il doit être assez large et assez profond pour recevoir facilement la masse d'eau que les autres écours lui fourniront, et donner ainsi le moyen de dégorger facilement, et presqu'à volonté, le bassin marécageux.

Il me paraîtrait essentiel aussi de construire, au-dessous de l'écluse du Pré-Chapitre, un ou deux barrages mobiles, qui permettraient de retenir les eaux, quand on le jugerait convenable, pour humecter les prairies.

L'un de ces barrages pourrait être placé au-dessous de l'Etier-Ferré, au point où se trouve aujourd'hui le batardeau de l'écours de la Digue-droite ; l'autre plus bas et vers la hauteur de Roanne.

Enfin, il serait indispensable, pour conserver aux moulins de Roanne et de Gâtebourse les eaux qui les font mouvoir, et qui suivraient naturellement la voie du canal de décharge, d'isoler ce canal des écours de ces deux moulins. On pourrait y parvenir en établissant des seuils ou graviers, aux extrémités de l'Etier-

Ferré, et à la tête du fossé dit de M⁰ Gilbert, en aval de Courpignac.

Ces seuils ne gêneraient nullement le passage des charrettes
qui, pendant l'été, traversent l'Etier-Ferré.

J'avoue cependant qu'il serait préférable de beaucoup qu'on
supprimât ce passage d'eau et qu'on le remplaçât, comme cela a
été projeté, par une chaussée munie de ponts pour l'écoulement
des eaux.

Tel serait le complément du système de desséchement que je
propose et que je crois possible dans les conditions que je viens
d'indiquer.

Ce système me paraît avoir l'avantage, tout en conservant les
usines, d'échapper aux inconvéniens qui sont la suite de leur
construction et du mauvais régime des eaux qui les alimentent.
Il satisfait à deux conditions essentielles pour nos prairies : il
donne les moyens d'enlever les eaux qui s'y trouvent en excès à
certaines époques de l'année et celui de les leur rendre à volonté.
Si ce système se complétait par des moyens d'irrigation qui,
pendant l'été, nous permettraient d'arroser la surface de ce bassin, et peut-être d'en étendre considérablement les limites, il y
aurait peu de prairies en France dont les produits pourraient
rivaliser avec les nôtres, sous le rapport de l'abondance au moins.
J'ai déjà dit combien la chose me semblait facile. Il suffirait, pour
atteindre ces résultats, d'enlever momentanément aux moulins
leurs eaux d'alimentation et de les déverser sur les prairies. Les
eaux de la Seugne sont assez abondantes pour suffire à cette irrigation. Il s'agirait seulement de régler, à l'avance, l'indemnité
due aux meûniers pendant le chomage de leurs usines. Pour les
moulins placés, sous ce rapport, dans les conditions les plus
défavorables, ce temps de chomage ne dépasserait pas trois jour-

nées ; et si l'opération n'était renouvelée que trois ou quatre fois pendant l'été, ils n'éprouveraient pas un chomage total de quinze jours.

Qu'on me permette, avant de terminer cette partie de mon travail, de faire remarquer que si le gouvernement ne faisait pas construire le canal de jonction de la Charente à la Gironde, on pourrait se servir de notre canal de décharge et des écours qui s'y relient, à la tête du Pré-Chapitre, pour établir une ligne de petite navigation praticable, pendant une grande partie de l'année, pour des bateaux d'un petit tonnage.

Cette ligne de navigation existait autrefois. Il est de notoriété publique que des trains de bois partis de Lavergne, près Pons, ont été conduits à la Charente en suivant cette ancienne voie, qui n'est autre chose, au surplus, que le reste de travaux exécutés par le Maréchal d'Albret, en 1624.

En partant de la Charente, elle suivait les écours de Roanne, de la Digue, de la Seugne-Marrau et celui de Courpignac jusqu'à la pointe du Pré-Chapitre.

En partant du Pré-Chapitre, elle se continuait par les écours du Jard, de la Reganne, de Crève-Cœur, des Grandes-eaux et de Mérignac. Elle franchissait l'extrémité Sud de la chaussée de ce dernier moulin en se maintenant dans l'ancien lit de la Seugne, delà elle remontait à Auvignac, laissait l'usine sur la droite, suivait l'ancien écours qu'on appelle l'Etier-Mort et tournait la chaussée du moulin, vis-à-vis du port Barrau, pour entrer dans le grand écours primitif de la Seugne qui se continue sans interruption jusqu'à l'extrémité Ouest de la chaussée de Châteaurenaud, qu'elle atteignait à 17,500 mètres de distance de la Charente.

Cette voie est encore libre dans toute son étendue, sauf à Mérignac et au Gua. Les meûniers ont bouché les passages dont je viens de parler , et dont l'existence est constatée par les plans du cadastre. .

On pourrait , comme en 1624, prolonger cette ligne jusqu'à Pons. Le surcroît de dépense que ce prolongement nécessiterait serait compensé , je le crois du moins , par les avantages qu'on obtiendrait en atteignant ce point.

C'est au reste le seul moyen de donner quelque mouvement et quelque vie à cette ligne de petite navigation.

On remarquera que nos recurages une fois faits et les barrages des pêcheries enlevés , cette voie deviendra tout naturellement praticable, et sans autres frais. Seulement, il faudrait pour atteindre le but que j'indique construire l'écluse du canal de décharge de manière à permettre le passage des bateaux.

Il en résulterait, il est vrai , un excédant de dépense ; mais je crois que les droits de navigation que le syndicat percevrait , l'indemniseraient des sacrifices qu'il serait obligé de faire.

Au surplus, je me borne à exposer ces idées sans vouloir trop attirer l'attention de la commission sur ce point ; d'abord , parce que je crois que le canal de navigation sera construit un jour ; et ensuite, parce que je craindrais d'effrayer les propriétaires intéressés au desséchement. D'ailleurs , j'avoue que j'ai peu étudié la question sous ce point de vue. Si, plus tard , les esprits revenaient vers cette idée , il faudrait la soumettre à un examen plus approfondi et plus complet.

Mais il est un autre point sur lequel j'appelle l'attention des propriétaires : c'est sur la nécessité d'établir des ponts ou graviers pour faciliter l'accès des prairies et marais.

Je regarde cette dépense comme étant d'une grande utilité et comme devant, à elle seule, donner à ces terrains une plus-value considérable.

Je reviendrai sur ce point en examinant la question de cette plus-value ; mais dès ce moment, et dans le paragraphe suivant , je ferai entrer en ligne de compte les frais qu'entraînera l'établissement de ces ponts et graviers.

## § II.

### QUEL SERA LE CHIFFRE DE LA DÉPENSE QUE NÉCESSITERONT LES TRAVAUX DU DESSÉCHEMENT ?

Pour répondre à cette question d'une manière catégorique , il faudrait posséder les connaissances spéciales d'un ingénieur. Je n'ai donc pas la prétention de présenter ici un travail complet et dont l'exactitude puisse être garantie , mais seulement de simples aperçus.

D'après ce que j'ai dit plus haut, les dépenses à effectuer se composeraient des frais qu'entraîneraient :

1° L'achat et la démolition des moulins.

2° L'achat et la destruction des pêcheries.

3° Le recurage , le redressement et l'élargissement des écours qui sont à la charge du syndicat.

4° L'établissement des fossés de ceinture , et des rigoles de desséchement.

5° La construction d'un canal de décharge.

6° L'établissement des ponts , graviers ou bacs pour l'entrée des prairies.

7° La confection des plans parcellaires, de la matrice syndicale, du plan de desséchement, du réglement d'eau, etc.

Je vais évaluer séparément chacun de ces articles de dépense, sans tenir compte de la part contributive qui pourrait peut-être retomber à la charge des propriétaires d'usines.

## I

### Achat et démolition des moulins.

Je regarde la suppression du moulin de Rabaine comme inutile. Je craindrais même que les prairies situées à l'Ouest ne souffrissent de la sécheresse, si le plan d'eau était trop abaissé dans l'écours qui l'alimente. Un déversoir suffira sur ce point.

Il n'en est pas de même quant aux moulins de Crève-Cœur et des Grois ; la destruction de ces deux usines me paraît indispensable.

Du reste, on pourrait établir, en remplacement, deux roues nouvelles, l'une à Chaute-Merle, l'autre à Courcoury. On couvrirait ainsi une partie de la dépense que leur suppression entraînera.

Le prix d'achat de ces deux usines ne dépasserait pas 30,000 francs ; mais comme leur destruction ferait retomber à la charge du syndicat l'entretien de plus de 6,000 mètres d'écours, je porte cet article de dépense à 36,000 francs.

## II

### Achat et démolition des pêcheries.

Les pêcheries ne sont pas aussi nombreuses aujourd'hui qu'elles l'étaient en 1753, ou du moins celles qui existent ont été, en grande partie, construites sans droit.

9

En admettant cependant que le nombre de celles établies régulièrement s'élève à 85, que leur prix d'achat soit au maximum de
200 francs, et leurs frais de démolition de 100 francs par pêcherie, cet article de dépense s'élèverait à. . . . . . . 25,500 fr.

### III

#### Recurage, redressement et élargissement des écours.

Il est probable que quelques-uns de ces écours seront supprimés comme inutiles. Cependant j'établirai mon calcul comme s'ils
devaient être tous conservés.

Leur étendue est de 52,000 mètres ;

Leur largeur moyenne de 15 mètres ;

Et leur profondeur, aussi moyenne, de 1 mètre 50 centimètres.

La majeure partie de ces écours servant à l'alimentation des
moulins, leur entretien est, par suite, à la charge des meûniers.
12,000 mètres seulement restent à celle du syndicat.

Ces écours font, en général, partie de l'ancien lit de la Seugne;
ils sont donc presque tous très-profonds. Le travail à faire consis-
tera, principalement, dans l'enlèvement des attérissemens qui se
sont formés de distance en distance, et dans le redressement de
quelques-unes de leurs parties.

Sur beaucoup de points, on pourrait se borner à ouvrir des
tranchées à travers ces attérissemens ; et si les eaux ont une marche
plus accélérée, leur action suffirait pour achever la besogne.

En admettant cependant que le recurage dût s'effectuer sur le
tiers de leur étendue, de manière à enlever 50 centimètres de vase,
afin de les ramener à une profondeur uniforme de deux mètres, le
cube des terres remuées serait, au maximum, de 24,000 mètres.

À 0, 90 c. le mètre cube, cet article de dépense atteindrait le chiffre de . . . . . . . . . . . . . . . . . . 21,600 fr.

Quelques-uns de nos écours, notamment ceux de la Fenêtre, de l'Ile, de la Reganne et du Jard, auraient besoin d'être élargis; il serait nécessaire aussi de couper les angles saillans qu'on y remarque.

Le développement des écours où ces travaux seraient utiles, est environ de 6,000 mètres.

En admettant que le travail que j'indique fût effectué sur le tiers de leur étendue, et amenât le mouvement de 16,000 mètres cubes de terre, cet article de dépense, à 80 c. le mètre cube, serait de. 12,800 fr.

Enfin le cours d'eau de Chante-Merle devrait nécessairement être redressé sur plus de 1,200 m. de développement.

Ce travail s'effectuerait presque constamment dans le bri.

En admettant que la masse des terres enlevées, de manière à donner au canal 2 mètres de largeur de plus, fût de 4,800 mètres cubes, et en évaluant la dépense à 60 c. par mètre, on arriverait à une somme de. . . . . . . . . . . . . . . . . . 2,880 fr.

Maintenant, il conviendrait d'ajouter à cet article de dépense, 3,000 francs pour indemnité de terrains, ci . . . . . . . . . . . . . . . . . . 3,000 fr.

Total de la dépense qu'entraînerait la mise en état des écours à la charge du syndicat. . . . . . 40,280 fr.

## IV

### Fossés de ceinture et rigoles de desséchement.

Le développement total de ces voies d'écoulement serait de 60,650 mètres.

Sur ce nombre, 20,000 mètres courans environ sont déjà construits. Le reste est à créer.

Je diviserai donc le calcul de la dépense en plusieurs articles.

1° Le recurage de 6,000 mètres de fossés de ceinture déjà existans, et dont la largeur est de 5 mètres, et la profondeur de 1 mètre, nécessiterait, pour les ramener à une profondeur uniforme de 1 mètre 50 centimètres, un mouvement de terre équivalant à 9,000 mètres cubes ; ce qui, à 50 centimes le mètre cube, donnerait un chiffre de. . . . . . . . . . . . .  4,500 fr.

2° L'établissement à neuf de 13,850 mètres courans de fossés, sur une largeur de 5 mètres, et une profondeur de 1 mètre 50 centimètres, exigerait le déplacement de 72,712 mètres cubes, soit à 50 c. le mètre cube. . . . . . . . . . . .  36,356 fr.

3° La construction aussi à neuf de 7,300 mètres courans dé fossés, larges de 4 mètres et profonds de 1 mètre 50 centimètres, amènerait le mouvement de 25,550 mètres cubes de terres, soit, à raison de 50 c. le mètre cube. . . . . . . . . . . .  12,775 fr.

4° Le recurage de 14,000 mètres de rigoles de desséchement, sur une largeur moyenne de 4 m.

*A reporter.* . . .  53,631 fr.

|  | Report. . . | 53,631 fr. |

et une profondeur de 50 cent., occasionnerait le déplacement de 28,000 m. cubes ; à 50 c. le mètre cube , cet article de dépense serait de . . . . . . 14,000 fr.

5. L'établissement à neuf de 19,500 mètres courans de rigoles ou fossés de desséchement, sur une largeur moyenne de 3 mètres et une profondeur de 1 m. 25 c., exigerait aussi le déplacement de 39,000 m. cubes de terre, soit, à 50 cent. le mètre cube, une dépense de . . . . . . . . . 19,500 fr.

Mais actuellement la construction de ces fossés rendrait nécessaire l'établissement de ponts et d'empellemens.

La construction de dix ponts avec empellemens, à 1,200 fr. chacun, coûtera. . . . . . . . . . 12,000 fr.

Enfin les indemnités de terrain pour l'établissement des fossés neufs et des ponts exigeraient un déboursé de . . . . . . . . . . . . . . . . 18,000 fr.

Total de la dépense qu'entraînerait la construction ou le recurage des fossés de ceinture et des rigoles de desséchement. . . . . . . . 117,131 fr.

## V

### Canal de décharge.

Ce canal aurait, au maximum, 5,500 mètres de longueur.

Il suivrait, pendant près de 3,000 mètres, le lit des écours de la Seugne-Marrau et de la Digue, qui ont, au minimum, une largeur de 4 mètres et une profondeur de 1 m. 50 centimètres.

Sa largeur devrait être de 8 mètres au moins d'ouverture et de 4 mètres au plafond.

Sa profondeur de 2 mètres.

Ce canal serait presque constamment creusé dans le bri, ce qui rendrait le travail plus difficile; mais, d'un autre côté, permettrait de mettre les ouvriers à l'abri de l'eau.

Dans les dimensions indiquées, et en défalquant la portion du terrain occupée par les écours dont je viens de parler, l'excavation de ce canal amènerait donc le mouvement de 54,000 m. cubes de terre qui, à 80 centimes le mètre cube, exigeraient une dépense de . . . . . . . . . . . . . . . . . 43,000 fr.

Les indemnités de terrain (pour environ sept hectares) à raison de 3,000 fr. l'hectare, s'élèveraient à . . . . . . . . . . . . . . . . . . 21,000 fr.

Enfin j'évalue les frais de la construction d'une écluse à la tête du canal, et de l'établissement de deux barrages mobiles à la tête de l'écours de la Digue, et à la fosse Michel, à . . . . . . . 50,000 fr.

Total. . . . . . . . . . . . . 114,000 fr.

## VI

### Ponts, Graviers et Bacs.

J'ai déjà dit que le moyen le plus sûr d'accroître considérablement la valeur des prairies était d'en faciliter l'accès.

Je sais que dans beaucoup de desséchemens on a laissé aux propriétaires, dans chaque prise, la faculté de faire ou de ne pas faire ces constructions. Mais je me suis décidé à proposer de porter cette dépense comme obligatoire, parce que j'ai la conviction que si ces travaux ne sont pas exécutés par le syndicat, la force d'inertie que j'ai déjà signalée comme étant le résultat de la division excessive du sol, paralyserait encore ici toute action.

Sur plusieurs points, les écours sont tellement larges, et le sol tourbeux tellement profond, que l'établissement de ponts ne pourrait avoir lieu sans entraîner des frais énormes ; je propose donc d'y suppléer par des bacs.

Mais partout où l'établissement de ponts à demeure m'a paru possible sans amener des dépenses exagérées, je les ai préférés.

Les pontceaux destinés à faciliter la sortie des foins des prairies et le transport des engrais, consisteraient, sur beaucoup de points, dans des planchers mobiles soutenus par quelques poutrelles appuyées sur des grillages posés immédiatement sur le sol. La dépense que leur construction entraînerait, serait donc peu élevée.

Sur d'autres enfin, on pourrait, mais rarement, y suppléer par des *graviers* en empierrant certaines parties des fossés de ceinture.

On pourrait même, sur certains points, se servir de *ponts-bateaux* qui seraient mobiles et qui serviraient successivement à deux ou trois prises de prairies.

Voici le montant des dépenses qu'entraîneraient ces constructions.

1° 20 Bacs de passage, à 1,200 fr. chaque.  .  24,000 fr.

3° 10 Ponts de 6 m. de longueur sur 3 m. 50 c. de largeur, à une seule travée, piles en maçonnerie, et tablier en bois, à 1,500 fr. chaque.  .  .  .  .  .  .  15,000 fr.

3° 50 Pontceaux de 4 m. de longueur sur 3 m. 50 c. de largeur, planchers en bois, mobiles, à placer seulement pendant l'été, à 400 fr. chaque.  .  .  20,000 fr.

Total.  .  .  .  .  .  .  59,000 fr.

## VII

### Plans parcellaires , etc.

Plans parcellaires, matrice syndicale, frais du réglement d'eau, plan de desséchement , devis, frais d'administration et dépenses imprévues. . . . . . . . . . . . . . . . . . 52,000 fr.

#### RÉCAPITULATION.

1° Achat des moulins de Crève-Cœur et des
Grois . . . . . . . . . . . . . . . . . . . . 36,000 fr.
2° Achat et démolition des pêcheries. . . . . 25,500 fr.
3° Recurage et redressement des écours. . . . 40,280 fr.
4° Fossés de ceinture et rigoles de desséchement. 117,131 fr.
5° Canal de décharge . . . . . . . . . . . . 114,000 fr.
6° Ponts et Bacs . . . . . . . . . . . . . . 59,000 fr.
7° Plans, matrice syndicale, réglement d'eau et
dépenses imprévues . . . . . . . . . . . . . 52,000 fr.

Total général de la dépense. . . . . . 443,911 fr.

Il est utile maintenant de donner un aperçu de la répartition de ces charges entre les trois classes syndicales , et de fixer , au moins par approximation, le chiffre de la dépense par hectare.

J'avertis à l'avance que je ne puis établir ici que des chiffres généraux et en considérant l'ensemble des terrains compris dans le syndicat.

Il m'était impossible , en effet, de faire des calculs particuliers pour chaque prise de marais , par la raison toute simple que les bases de ces calculs ne sont pas encore arrêtées , et que celles que j'aurais adoptées provisoirement pourraient être totalement changées, soit par le résultat du travail de l'ingénieur, soit par les dispositions de l'ordonnance royale qui sera rendue pour l'exécution du desséchement et qui déterminera, en dernier ressort, la part afférente de chaque prise de marais dans les dépenses des travaux d'intérêt général.

Si j'avais donc cherché à donner des chiffres de détail, soit par *commune*, soit par *prise*, je serais tombé dans un grave inconvénient, en ce que ces chiffres n'auraient eu rien de positif et que le moindre changement eût été, plus tard, un sujet de vives récriminations de la part des propriétaires.

Tout ce que je puis dire à l'avance, et ce qui, au surplus, est, je crois, clairement démontré pour ceux qui auront lu avec quelque attention ce qui précède, c'est que la position de nos bassins marécageux n'étant pas la même, et d'ailleurs des travaux ayant déjà été effectués dans quelques-uns d'entre eux, à Saint Léger et à Montils, notamment, le chiffre de la dépense subira des variations qui seront la suite de ces différences, mais qui, en somme, n'établiront pas une très-grande inégalité dans la situation des propriétaires au point de vue financier.

Les chiffres que je vais donner forment d'ailleurs le complément de mon travail. C'était le seul moyen de comparer entre eux le taux de la dépense et celui des bénéfices, et de faire ainsi ressortir les avantages de l'entreprise.

Sous le mérite de ces observations et de ces réserves, j'établis, ainsi que suit, la répartition des charges entre les trois classes syndicales :

La superficie des terrains de la première classe est de 350 hectares. Elle doit solder le 1/6 de la dépense. Sa part contributive serait donc de 80 fr. par hectare ; soit en totalité de **28,000** fr.

*A reporter.* . . . 28,000 fr.

Report. . . 28,000 fr.

La superficie de la seconde classe est la même. sa part contributive, des 2/6. Elle devrait payer, par hectare, 160 fr. ; soit en totalité.. . . . . . . 56,000 fr.

La troisième classe contient 1,500 hectares. Sa part contributive est des 3/6, ou de la moitié de la dépense. Chaque hectare aurait donc à supporter une charge de 240 fr. ; soit pour 1,500 hectares . 360,000 fr.

Total. . . . . . . . . 444,000 fr.

Le taux de cette cotisation est plus élevé, en apparence, que celui fixé, en 1770, par l'arrêt du Conseil-d'Etat du 16 septembre. Les bases de la répartition diffèrent aussi un peu de celles adoptées par cet arrêt. Mais, d'une part, je ferai observer que dans le chiffre de 271,000 fr., montant présumé de la dépense en 1770, on ne comprenait pas les frais qu'entraîneront la construction des ponts et des bacs, l'établissement des rigoles de desséchement, et ensuite que la valeur vénale de l'argent a éprouvé une diminution considérable depuis cette époque ; d'un autre côté, je crois que les motifs qui ont déterminé la commission à diviser les charges générales entre les trois classes syndicales dans la proportion indiquée plus haut, est basée sur l'équité et sur la juste appréciation des avantages que nos travaux procureront aux terrains compris dans chacune de ces classes.

Il me paraît donc évident que nos dépenses rentreront dans les limites que s'était imposées l'association de 1753, à laquelle M. de Marsan s'était fait substituer par l'arrêt que je viens de relater.

J'ajouterai enfin que l'entretien de nos travaux, le fauchage régulier des canaux d'écoulement, les appointemens des gardesmarais, les frais d'administration , etc. , exigeront , plus tard , l'établissement d'une cotisation annuelle dont le taux sera, au maximum , selon toute probabilité, de 2 fr. par hectare, pour la première classe syndicale, de 4 fr. pour la deuxième , et de 6 fr. pour la troisième.

Les charges étant ainsi connues , nous avons à examiner le chiffre des bénéfices que le desséchement doit procurer aux propriétaires , et à voir s'ils sont assez élevés pour compenser les sacrifices que l'exécution des travaux projetés entraînera.

C'est l'objet du paragraphe suivant.

## § III.

### RÉSULTATS DU DESSÉCHEMENT.

J'ai dit au paragraphe 5 de la 2º partie de mon travail , en quoi consistaient les produits actuels de nos prairies et de nos marais. J'ai donné à ce sujet des chiffres qui ont leur garantie dans des faits que tout le monde peut vérifier. Malheureusement , il n'en est pas de même quant à ceux que j'ai à présenter pour établir le taux de la plus-value qui sera la suite du desséchement. Ici , je ne puis raisonner que par comparaison , par induction , et en allant , en quelque sorte , du connu à l'inconnu. Il est donc impossible que mes chiffres aient le caractère de vérité positive qui appartient aux premiers. En face de mes évaluations, le doute est permis. C'est là un des obstacles les plus puissans à l'exécution des entreprises du genre de la nôtre. Car il est clair que si

les bénéfices étaient une chose assurée, d'une évidence matérielle, si on pouvait dire à un propriétaire : voilà 1,200 fr.,
donnez en échange 300 fr., l'hésitation n'existerait plus. Car ce
n'est pas tant le taux de la dépense qui arrête nos co-intéressés,
que la crainte de voir leur argent se dépenser sans résultat utile.

J'ai calculé la portée de ces doutes, de ces hésitations, les
embarras qui en devaient être la suite, et si je n'ai pas reculé
devant les difficultés de la tâche qui m'a été confiée, c'est que
j'avais la conviction que le desséchement amènerait une plus-value
considérable et dont le taux sera assez élevé pour indemniser largement les propriétaires des sacrifices qu'ils auront à faire.

J'espère faire partager cette conviction à ceux qui voudront
apprécier de sang-froid les faits que j'ai déjà cités, ceux qui me
restent encore à exposer, les conséquences que j'en déduirai et
la solution que je donnerai aux objections que notre entreprise a
fait naître.

Cette partie de mon travail a donc pour but :

1° De rechercher si l'état actuel des terrains syndiqués peut
être amélioré par les travaux du desséchement, et à déterminer,
pour chaque classe, le taux de la plus-value à obtenir.

2° De répondre aux objections que notre entreprise a soulevées,
et d'indiquer, au point de vue général, les avantages que le
desséchement peut procurer à nos contrées sous le rapport agricole et sanitaire.

Je diviserai l'examen de la première question en trois articles
distincts, par le motif qui m'a porté à adopter cette division pour
le paragraphe 5 de la 2e partie de mon rapport.

I

**Quel sera le taux de la plus-value pour les terrains de la
première classe syndicale.**

Les prairies de cette classe sont, en général, situées en aval
des chaussées des moulins, dans les parties les plus étroites du
bassin de la Seugne, et sur les points où le sol forme un plan
assez égal. Elles souffrent moins que les autres de la stagnation
des eaux. Mais cependant elles n'échappent pas complètement à
cet inconvénient ; voici pourquoi :

J'ai déjà fait remarquer que les dépôts que les eaux font sur
leurs rives, les exhaussent continuellement. Il en résulte une différence de niveau entre les parties centrales des prairies et les
berges des écours. Ces prairies présentent donc l'aspect de bassins à bords relevés, qu'on appelle les *chantiers*, et dont l'étendue peut être évaluée à la 20e partie de la superficie totale.
Lorsque les eaux d'inondation commencent à baisser, ces chantiers, dont le niveau est supérieur de 25 à 30 centimètres à celui
du sol dans le centre, paraissent à découvert, et forment une
large ceinture verte autour des eaux qui remplissent le bassin.
L'eau ne croupit jamais sur ces portions de terrain élevées et
dont la pente est opposée aux écours. Aussi les foins qu'elles
produisent sont d'une qualité très-supérieure à celle des foins
venant des parties intérieures du bassin et leur prix est double.

Il est clair qu'ici le mal est indépendant des causes générales
que j'ai indiquées plus haut. Il sera donc facile d'y remédier. Il
suffira de faire disparaître l'obstacle qui s'oppose à ce que les
eaux enclavées dans ces levées naturelles s'écoulent dans les

écours qui entourent les prairies. On y parviendra en pratiquant, à travers les chantiers, dans des conditions convenables, des saignées, ou petits canaux. Ces eaux pourront alors suivre la pente naturelle du sol; et si leur passage sur les prairies du centre est rapide, si elles n'y restent pas stagnantes, on peut être certain que leurs produits s'amélioreront considérablement.

Mais cet inconvénient n'est pas le seul que je doive signaler.

Ces prairies souffrent beaucoup par le séjour trop prolongé des eaux d'hiver à leur surface, et surtout par l'effet des crues subites du printemps et de l'été.

Lorsque les eaux d'hiver séjournent trop longtemps, elles font périr les bonnes herbes, elles détruisent la *sole*, suivant l'expression de nos cultivateurs, et elles donnent ainsi aux plantes marécageuses la faculté de se développer et de rester maîtresses du terrain.

Quant aux crues subites du printemps et de l'été, leurs effets sont encore plus désastreux.

Ces crues ont souvent lieu au moment où les herbes ont atteint une partie et quelquefois la totalité de leur développement. Cette circonstance contribue encore à ralentir la marche des eaux. Elles restent plus longtemps sur le sol, elles déposent sur les plantes qu'elles baignent, les parties terreuses qu'elles tiennent en suspension, et lorsque l'action du soleil en a fait évaporer une partie et que leur épaisseur se trouve réduite à quelques centimètres, elles se décomposent, elles forment alors une nappe limoneuse qui n'étouffe pas les herbes, si elles sont arrivées à un certain degré de développement, mais qui salit tellement les foins que leur valeur se réduit de beaucoup.

Si, au contraire, ces herbes sont à peine sorties de terre, le dépôt limoneux fait périr celles qui sont de bonne qualité, mais comme il a moins d'action sur les plantes marécageuses, celles-ci, en croissant, soulèvent le dépôt et le soutiennent à plusieurs centimètres au-dessus du sol. Une partie de leurs tiges passent à travers, les autres se courbent en dessous. Il en résulte que le travail des faucheurs devient extrêmement difficile. Si la faux porte au-dessous de la nappe limoneuse, celle-ci est enlevée avec le foin, qui devient détestable et dangereux pour la santé des bestiaux. Si au contraire, et c'est ce que l'on tâche toujours de faire, on coupe l'herbe en dessus du dépôt limoneux, *sur nappe*, comme le disent nos cultivateurs, on perd au moins la moitié de la récolte.

Les prairies des chantiers souffrent, à peu de chose près, autant que celles du centre lors de ces crues tardives.

Pour donner à ces prairies toute la valeur qu'elles sont susceptibles d'atteindre, il faut donc trois conditions essentielles :

1° Que les eaux des crues de l'hiver les abandonnent dans les premiers jours de mars.

2° Prévenir les crues du printemps et de l'été, ou du moins en atténuer les mauvais effets, en ouvrant de larges issues aux eaux et en rendant leur écoulement aussi prompt que possible.

3° Empêcher, dans tous les cas, la stagnation des eaux dans les parties basses.

Or, si les eaux de la Seugne ne s'écoulent pas assez promptement à la fin de l'hiver, ou pendant les crues du printemps et de l'été, c'est uniquement à l'envasement de nos écours, à la mauvaise assiette des moulins, à l'exhaussement de leurs chaussées, aux barrages des pêcheries, et surtout à l'absence d'un canal de décharge que cet inconvénient est dû.

Les travaux que nous voulons exécuter étant destinés à porter un remède à cet état des choses, il est évident que les propriétaires des terrains formant la première classe syndicale, sont intéressés à leur confection et doivent contribuer à leur dépense.

Il est même nécessaire de faire remarquer qu'en 1624, en 1753 et en 1792, ce sont précisément les propriétaires des bonnes prairies situées dans les communes de Pons, Saint-Léger, Bougnaud, Saint-Seurin, Montils, etc., qui réclamèrent le plus vivement l'exécution des travaux, tandis que la froideur ou l'indifférence sont venues du côté des propriétaires des marais à rouche.

Cela s'explique, quand on réfléchit que le propriétaire d'une bonne prairie est plus intéressé à la conservation d'une récolte qui constitue souvent les seuls moyens de faire marcher son exploitation rurale, que le propriétaire d'un marais à rouche qui n'en destine pas les produits à la nourriture de ses bestiaux.

J'ai dû entrer dans ces détails, parce que quelques personnes ont manifesté la pensée que les terrains de la première classe ne gagneraient rien à nos travaux. C'est une grave erreur ; exécutés ainsi que je l'ai indiqué, c'est-à-dire avec cette double condition que les eaux seront, à volonté, enlevées ou rendues aux prairies, et que, dans leur ensemble, leur niveau ordinaire se maintiendra constamment, à l'étiage, au degré convenable pour que les prairies conservent toute l'humidité qui leur est nécessaire, ces travaux leur seront entièrement utiles.

Quant au bénéfice que le desséchement pourra procurer à ces prairies, je l'évalue à une augmentation de revenu de 20 francs seulement par an et par hectare, ce qui représente un capital de 400 francs.

Je suis ici, sans le moindre doute, au-dessous de la vérité. Les crues tardives de la Seugne sont très-fréquentes, et il est évident que la différence de prix qui existe entre les prairies du centre et celles des Chautiers, différence qui dépasse souvent 1,500 fr.

par hectare , disparaîtra , en grande partie , par l'effet de nos travaux. Mais , d'un autre côté, la production d'une nouvelle masse de fourrages, suite naturelle du desséchement des marais à rouche , pourra amener, pendant quelques années , une baisse dans les prix de ferme des prairies de la première classe. Ces considérations m'ont déterminé à adopter le chiffre que je viens de poser.

A ce taux , les 350 hectares de prairies de la première classe obtiendraient une plus-value de 140,000 fr.

## II

### Quel sera le taux de la plus-value pour les terrains de la deuxième classe syndicale ?

C'est en examinant les prairies de la deuxième classe qu'on se fait une juste idée du mal que cause l'élévation artificielle des eaux et leur stagnation dans les parties inférieures du bassin de la Seugne. Leur sol est généralement bon. Souvent il est supérieur en qualité à celui des prairies de la première classe ; et cependant il existe une énorme différence dans la nature et la qualité de leurs produits , et , par suite , dans leur prix de vente.

Ces prairies sont susceptibles d'obtenir une grande amélioration. Leur état actuel est tout accidentel. C'est une chose étonnante que la rapidité avec laquelle les produits des terrains de cette classe passent du bon au médiocre, du médiocre au mauvais, et remontent ensuite l'échelle qu'ils ont ainsi descendue. Je pourrais citer des faits nombreux pour établir cette vérité. Je me bornerai aux suivans :

10

Avant la révolution , les prairies de la *Goine* et de la *Pallu*, situées dans la commune de Saint-Léger, étaient complètement submergées. Le sol n'était pas assez consistant pour supporter le poids des charrettes et des bestiaux , et les propriétaires étaient contraints d'en enlever les produits à bras.

Cet état de choses, qui rappelle exactement l'état actuel de nos marais , cessa en 1793 , par suite de l'arrêté du 4 mai , qui ordonna la rupture de la chaussée du moulin du Gua , et , plus tard, par l'établissement d'un déversoir. Aujourd'hui, la rouche a disparu dans ces prairies, et les foins qu'elles produisent sont propres à la nourriture des bestiaux qui les parcourent librement et sans danger.

Les mêmes faits se sont représentés lors du rétablissement du fossé de ceinture qui longe la prise d'Entre-deux-Monts , en aval du moulin d'Auvignac. Les prix de vente ont doublé par suite de ce travail , tout imparfait qu'il ait été, et de 900 et 1,000 fr. par hectare, ils sont montés, dans certaines parties , jusqu'à 2,500 et 3,000 fr.

Je pourrais citer bien d'autres faits , et surtout donner les noms de plusieurs prises dont la détérioration est toute récente, et qui est due , soit à quelques modifications dans le régime des eaux d'une usine , soit à l'établissement du barrage d'une pêcherie. Mais je me bornerai à ces citations pour éviter des répétitions , car j'aurai beaucoup à dire à ce sujet en parlant des terrains de la troisième classe.

J'ajouterai seulement que j'ai sondé toutes les prairies de la seconde classe , que j'ai comparé les uns aux autres des centaines d'échantillons , pris tant dans les bonnes que dans les mauvaises, et que j'ai constamment reconnu que les différences dans les produits ne provenaient pas de la nature du sol, mais uniquement du degré de submersion.

Cela est tellement vrai que , dans les années sèches, la qualité des foins s'améliore d'une manière surprenante. Les herbes aquatiques qui ne devaient leur prédominance qu'à une trop grande abondance d'eau ; disparaissent presque entièrement , lorsque deux années sèches se succèdent. En revanche , les herbes de bonne qualité se développent et dominent à leur tour. La valeur des coupes augmente dans ces années favorables , de manière à donner des différences en plus de 60 à 90 francs par hectare.

Ces faits sont à la connaissance de tous les riverains de la Seugne , et j'en appelle sur ce point, comme sur tous les autres, à leur témoignage.

Il est facile , du reste , d'en donner l'explication.

Dans les années pluvieuses , les eaux ne quittent ces prairies que vers la fin de mai. et souvent dans le courant de juin. Les dépôts limoneux se sont déjà formés à cette époque ; les plantes aquatiques seules les percent ou les soulèvent , les autres meurent. Dans tous les cas , leur pousse commence tardivement. Le moindre orage pouvant amener de nouveau leur submersion, on coupe les herbes avant qu'elles aient acquis tout leur développement. Les foins sont donc peu abondants ; mais, en outre , les plantes n'étant pas arrivées à leur point de maturité , ne représentent , sous un volume considérable , qu'une faible quantité de matière alimentaire.

Dans les années sèches, au contraire , l'eau abandonne ces prairies dans les premiers jours d'avril. S'il en reste quelque peu dans leurs parties basses, elle est enlevée par l'évaporation avant que l'action du soleil ait pu la décomposer et amener la formation de la nappe limoneuse dont j'ai parlé plus haut. Les herbes peuvent alors sortir de terre dans le courant d'avril. Elles se développent sous l'influence des chaleurs modérées du printemps qui ont tant de puissance sur la végétation , et qui donnent aux plantes ces qualités nutritives et salubres que n'ont jamais celles qui croissent vers la fin de l'été ou dans les premiers jours de l'automne. Ces herbes ne craignent pas un excès de sécheresse , car la couche tourbeuse qui est au-dessous du sol qui les supporte , leur fournit toute l'humidité dont elles ont besoin. Elles acquièrent donc graduellement tout leur développement. Elles deviennent plus épaisses, plus longues , plus savoureuses. On les coupe enfin quand elles ont atteint le degré de maturité nécessaire. On comprend facilement dès lors , que nos cultivateurs , dans ces années favorables , puissent donner , pour la coupe d'un hectare , un prix double et quelquefois triple du prix ordinaire.

Je dois signaler aussi une autre cause du bas prix des prairies de la deuxième classe ; c'est l'absence , sur presque tous les points , de ponts ou graviers qui en facilitent l'accès.

Ce qu'on appelle les *Pas* ou *Entrées* , dans beaucoup de ces prairies , sont presque impraticables dans les années pluvieuses. Le sol détrempé par les pluies ne peut pas résister à la pression des roues des charrettes et au poids des attelages.

Il en résulte plusieurs inconvéniens : l'enlèvement des récoltes redevient extrêmement difficile; il exige beaucoup plus de frais. Il faut des attelages de renfort. Souvent des accidens arrivent. Les charrettes s'embourbent , elles versent , les bœufs de tir s'estropient , ou se noient parfois. Enfin le transport des amendemens ou des engrais est complètement interdit ; et le parcours , cette ressource du pauvre , ce puissant moyen d'amélioration pour les prairies en général , et surtout pour celles où le jonc domine , devient impossible , ou ne s'effectue qu'à leur détriment , car le pied des bestiaux creuse et mottelle leur surface trop humide.

Plusieurs de ces prairies ne sont accessibles qu'à l'aide de bateaux.

On se fait difficilement l'idée du pénible travail que les cultivateurs sont obligés de s'imposer dans ce cas. Il faut porter les foins à bras au bord des écours , les charger dans des bateaux , conduire ces bateaux à bord de terre-ferme , décharger les foins et les replacer sur les charrettes qui doivent les emporter au loin.

Ces difficultés dans l'exploitation et les dépenses qu'elles entraînent, influent considérablement sur le prix de vente des coupes et sur la valeur vénale de ces terrains. Les cultivateurs qui , de deux ou trois lieues à la ronde , viennent en acheter les foins sur pied , mettent en ligne de compte et ces difficultés et les frais qui en sont la suite , et surtout les accidens et les maladies auxquels sont exposés , aux passages des gués , leurs bestiaux trempés de sueur. Une des choses les plus utiles à faire dans l'intérêt des propriétaires de ces prairies est donc , après avoir facilité l'écoulement des eaux qui les submergent , d'en rendre l'accès plus sûr et plus commode , soit par des ponts mobiles ou à demeure , soit par des graviers établis dans des conditions convenables , soit enfin à l'aide de bacs dans les endroits où l'établissement des ponts deviendrait impossible ou trop coûteux.

Les propriétaires de plusieurs des prairies de la Seugne ont déjà compris l'avantage d'avoir des communications faciles pour l'exploitation de leurs fonds et ils se sont imposé d'assez lourds sacrifices pour atteindre ce but. Souvent les sommes dépensées ainsi ont dépassé 180 fr. par hectare. Mais, en revanche, et dès la première année, leurs prix de ferme se sont élevés de manière à couvrir promptement leurs déboursés.

Ce qu'il y a à faire pour améliorer les prairies de la deuxième classe syndicale, consisterait donc :

1° A les débarrasser des eaux qui les submergent ;

2° A en faciliter l'accès par l'établissement de ponts, de graviers ou de bacs.

Or, c'est là le but de nos travaux.

Maintenant, si on admet que ces travaux puissent procurer à ces prairies un accroissement de revenu inférieur même à celui qu'elles obtiennent dans les années sèches, et que j'ai porté à 60 et à 90 fr. par hectare, et qu'on veuille le tarifer à 40 fr. seulement, cet accroissement régulier du revenu augmenterait la valeur vénale de ces terrains de 800 fr. au moins, par hectare, et le bénéfice total pour 350 hectares serait de 280,000 francs.

### III.

#### Quel sera le taux de la plus-value, pour les terrains de la troisième classe syndicale.

La solution de cette question, quant aux terrains de la première et de la deuxième classe syndicales, a été facile. Les causes de leur détérioration étaient trop évidentes pour que des doutes sérieux pussent s'élever sur ce point. Il n'en est pas de même pour les terrains de la troisième classe.

Il s'agit ici, en effet, de résoudre nettement et de manière à dissiper bien des doutes, deux graves questions qui peuvent se poser ainsi :

1º La présence de la rouche dans nos marais mouillés est-elle due à la nature du sol ou à leur état de submersion ? Est-il possible de la remplacer par des herbes propres à la nourriture des bestiaux.

2º Ce changement dans la nature des produits amènera-t-il une augmentation dans le taux du revenu, et, par suite, dans celui du capital ? Quel sera le chiffre de cette augmentation ?

*Examen de la première question.*

Pour résoudre cette question, j'aurai à dire :

1º Quelle est la nature du sol de nos marais mouillés ;

2º Quelles sont les plantes qui y croissent naturellement ;

3º Quels sont les changemens que les faits de l'homme ou les sécheresses, dans certaines années, apportent dans la nature de leurs produits ;

4º Quels sont les renseignemens que la tradition et l'examen des anciens titres nous fournissent sur leur état primitif ?

Le sol de nos marais est bon. La stagnation des eaux est la seule cause de la production des herbes marécageuses. Telle est la proposition que j'avance.

Sa démonstration est facile.

Je vais rappeler d'abord quelques principes. Je passerai ensuite à l'énoncé des faits.

Les plantes, pour croître et prospérer sur un sol quelconque, ont besoin d'y trouver, soit sous le rapport purement mécanique, soit sous le rapport chimique, des conditions convenables pour l'établissement de leurs racines et leurs besoins de nutrition. C'est là une vérité démontrée en agriculture. Mais ce qui est également hors de doute, c'est que l'état d'humidité plus ou moins prononcé où se trouvent les terres, agit plus puissamment encore sur leur prospérité.

Quelques-unes ne résistent pas à une humidité continuelle, lors même que l'eau ne dépasse pas le niveau du sol.

Quand le sol est submergé, plusieurs périssent.

Quand l'eau est stagnante et se décompose sur le terrain qu'elle recouvre, toutes disparaissent, sauf celles qui ont été destinées par la nature à vivre dans le sein des marais.

Ainsi la nature du sol, son degré d'humidité, telles sont donc les deux causes principales qui influent sur la production des plantes.

Quand le sol est mauvais, ou du moins rebelle à la destination qu'on cherche à lui donner, quand il repousse les plantes nouvelles qu'on veut lui imposer, le mal est sans remède et il faut, bon gré mal gré, lui laisser produire ce qu'il fournit de lui-même et sans effort. Tout l'argent qu'on dépenserait pour vaincre une nature rebelle serait de l'argent inutilement employé.

Mais quand, au contraire, le sol est bon, quand il présente des conditions telles que les herbes de bonne qualité y croissent naturellement, sans l'emploi de moyens artificiels, et que cependant ce sol est couvert de plantes marécageuses, par cela seul qu'il est constamment submergé, il devient évident que le mal ne tenant pas à la nature du sol peut être guéri facilement. Il ne s'agit plus que de rechercher les moyens de le débarrasser des eaux qui le recouvrent.

Or, c'est là le cas où nous nous trouvons.

L'année dernière, j'ai sondé une à une toutes les prises de notre bassin marécageux. Ce rude et long travail effectué souvent les pieds dans l'eau, et pendant les chaleurs de l'été, a eu lieu en présence des membres de la commission syndicale qui ont bien voulu m'accompagner dans chaque commune.

Ce sondage m'a fait reconnaître les faits suivans :

Le dépôt limoneux dont j'ai parlé au commencement de ce rapport et qui recouvre les couches tourbeuses, existe sur presque toute l'étendue des marais enclavés entre Mérignac et Colombiers, au Midi, Courcoury, au Nord, les hautes terres de Montils et Saint-Sever, au Levant, et les communes de Colombiers, la Jard et Berneuil, au Couchant.

Cette couche terreuse, tantôt de couleur gris-roux, tantôt de couleur gris-blanc, est exactement semblable à celle qui forme le sol de nos meilleures prairies.

Son épaisseur la plus grande se trouve des deux côtés de l'écours central qui se dirige sur Rabaine et sur Courcion. C'est elle qui en constitue les berges. Elle s'étend ensuite, à droite et à gauche, en formant deux plans inclinés, qui vont en diminuant graduellement d'épaisseur, et elle finit par se confondre avec les couches tourbeuses en approchant des hautes terres où se trouvent les marais les plus bas.

Cette couche de terre manque :

1° Dans la partie basse des marais de Jarlac ;

2° Dans ceux qui forment la lisière Sud de l'île de Courcoury;

3° Dans la partie Nord des marais de Berneuil, appelés les *Breuils*;

4° Dans le bassin des Anglades.

La superficie de ces portions du bassin marécageux où la couche de terre gris-roux n'est pas bien distincte, équivaut environ à la 5e partie de l'étendue des marais mouillés.

Je ne me suis pas borné à reconnaître, à l'aide de la sonde, la nature des terrains supérieurs et inférieurs du bassin marécageux. J'ai aussi examiné avec soin les plantes qui y croissent naturellement, leurs rapports avec le sol qui les supporte et surtout avec le degré de submersion de ces mêmes terrains. (1)

J'ai recueilli de nombreux échantillons et j'ai reconnu et constaté bien des faits. Je tiens les premiers à la disposition des personnes qui s'intéressent au desséchement. Quant aux seconds, j'en rapporterai seulement quelques-uns. Les citer tous serait impossible.

D'après ce que je viens de dire, nos marais mouillés se divisent donc en deux grandes classes :

1° Les marais à couche supérieure terreuse ;

2° Les marais à surface tourbeuse.

Je citerai d'abord les faits relatifs aux premiers.

(1) Je me suis servi dans mon rapport, des dénominations en usage dans le pays, pour désigner les plantes qui croissent dans nos prairies et dans nos marais, autrement je n'aurais pas été compris par nos co-intéressés qui, en grande partie, sont de simples cultivateurs. Voici les noms de ces plantes, d'après les botanistes :

La *Rouche* est le Schœnus mariscus.

La *Sèche*, le Scirpus palustris.

Le *Chardon*, le Carduus acanthoïdes.

La *Pentecôte*, l'Orchis pyramidalis.

La *Sarnuge*, le Poa aquatica ou trivialis.

La *Longue d'Oie*, le Plantago lanceolata, ou plutôt Alisma.

Le *Trèfle*, le Trifolium pratense.

Le *Roseau*, le Phalaris arundinacea.

Le *Bouton d'Or*, le Ranunculus acris.

*Marais à couche supérieure terreuse.*

Il n'est guère possible de concevoir des doutes sur la réussite du desséchement quant aux marais de la première catégorie, et cela par la raison toute simple que la couche terreuse qui en recouvre la superficie, est semblable à celle qui forme le sol des prairies de la première et de la deuxième classe. Ce fait a singulièrement surpris les membres de la commission syndicale et les nombreux curieux qui ont suivi mon travail de sondage. Pour eux, le doute n'existe plus, car ils ont vu clairement que la présence de la rouche dans ces marais n'était pas due à la nature du sol, mais uniquement à la stagnation des eaux.

Je passe à l'énoncé des faits.

1° On rencontre la couche terreuse sur la rive gauche de la Seugne, depuis Colombiers jusqu'à la chaussée de Rabaine. Seulement, sa couleur est moins foncée dans la partie centrale. La rouche se montre sur presque toute l'étendue de ce bassin. Mais lorsqu'elle est coupée régulièrement, elle est promptement remplacée par *la sèche*, *le jonc*, *la langue d'oie et la sarnuge*.

Ces marais s'améliorent avec la plus grande facilité pour peu qu'on y répande du terreau ou des engrais dont l'action favorise le développement des bonnes herbes. L'année dernière, j'ai remarqué dans ce bassin, à côté de terrains couverts d'herbes aquatiques, des parcelles garnies de plantes d'excellente qualité, très-abondantes, et dont la coupe valait le triple et le quadruple de celles des terrains voisins.

2° La partie Est de ces marais, celle qui joint immédiatement l'écours qui descend de Colombiers à Rabaine, est plus élevée que la partie Ouest. Les eaux y séjournent moins longtemps. Par suite, les herbes de bonne qualité y prennent naturellement

la place de la rouche et de la sèche. On y rencontre , à chaque
pas , la langue d'oie , la pentecôte , le bouton d'or , et enfin le
grand trèfle rouge dont la présence est une preuve certaine de
la bonté du sol.

3° J'ai observé les mêmes faits au Nord de la chaussée de
Rabaine et sur la rive gauche de l'écours qui descend à Courcion. On y trouve également , sur toute la lisière de l'écours ,
les herbes de bonne qualité dont je viens de parler.

A trois ou quatre cents mètres à l'Est des Monards, Messieurs
les commissaires de la commune de la Jard m'ont fait remarquer des parcelles couvertes d'épaisse sarnuge. Il avait suffi
pour obtenir ce résultat d'amender légèrement le sol.

4° Sur la rive droite , les mêmes faits se représentent , depuis
Mérignac jusqu'à la banlieue de Rabaine.

Ainsi , dans les prises de la *Gadoue* et de la *Maurine* , qui
longent le cours d'eau et qui sont plus élevées que les marais
situés à l'Est , on trouve aussi en abondance le trèfle et la pentecôte. Ces plantes se rencontrent également sur les lisières des
prises de Berneuil , des Quatorze-un, d'Yvonnet, de la Seigneurerie , etc.

On trouve aussi , dans les parties les plus élevées des grands
marais des Vaches et de Jarlac, la langue d'oie, le chardon, et la
sarnuge mêlées à la sèche et parfois à la rouche.

5° Une curieuse expérience a été faite , il y a deux ans , dans
les marais à rouche situés en amont de Rabaine :

L'un des propriétaires du moulin a coupé , avant l'hiver , la
rouche accrue sur quelques ares de terrain et il a fumé le sol
comme il l'eût fait pour un pré ordinaire. L'année dernière , au
mois de juin , la rouche avait disparu. Elle était remplacée par
de la sarnuge mélangée de quelques brins de jonc. La hauteur

de cette herbe dépassait un mètre. Elle était tellement épaisse qu'on avait de la peine à traverser l'espace qu'elle occupait. Elle a fourni deux coupes. On peut évaluer facilement à 10,000 kilogrammes de foin, la quantité produite par un hectare ainsi garni. Ce foin était excellent. Il n'avait pas la moindre odeur marécageuse, et tous ceux qui l'ont vu en ont porté la valeur à 25 fr. au moins les 500 kilog., frais déduits.

C'était, du reste, une chose curieuse que l'aspect de cette portion de marais, où, à côté de cette sarnuge gigantesque, on se trouvait entouré par des rouches et des roseaux de plus de deux mètres de hauteur. Certes, en présence d'un pareil fait, il était difficile de douter que le sol de nos marais ne fût pas propre à la production des plantes fourragères.

Je crois, au surplus, que le fumier, dans ces riches terres, est une chose superflue, et que les résultats obtenus sur le point que j'indique, sont dûs, presque uniquement, à la germination des graines que ce fumier contenait. On a obtenu des résultats semblables dans d'autres parties des marais, en se bornant à déposer à leur surface, des terreaux ou déblais provenant du nettoyage des aires et des granges à foin. Je citerai plus tard des faits à ce sujet, en parlant des marais à couches tourbeuses.

6° Le meûnier de Rabaine était, au surplus, porté naturellement à faire cette expérience par l'observation des faits qu'il avait sous les yeux. Il existe en effet, auprès et en aval du moulin de ce nom, trois pièces de pré dépendant de cette usine, et dont le sol est identiquement le même que celui du marais où l'expérience a été faite; l'épaisseur de la couche terreuse y atteint à peine 30 centimètres. On trouve immédiatement après, le dépôt tourbeux. Or, ces prés depuis un temps immémorial, grâce aux soins des meûniers, et surtout à leur position en aval de l'usine, dont les eaux passent sur leur surface sans y séjourner, produisent chaque année deux coupes d'herbes magnifiques, où la sarnuge occupe le premier rang.

7° Des expériences semblables à celles du meûnier de Rabaine ont été faites sur d'autres points des marais, et toujours avec le même succès. Je puis citer celle du sieur Gouin, de la Cornelle, commune de Montils, qui a aussi réussi à remplacer la rouche par d'excellentes herbes fourragères produisant au moins 9,000 kilo. de foin par hectare.

Je dois dire cependant que ces plantes de bonne qualité disparaissent rapidement quand les eaux submergent trop longtemps le marais. J'ai visité cette année, au mois de juin, le marais où le meûnier de Rabaine a fait son expérience, et j'ai reconnu que la nature des herbes qui le couvraient l'année dernière commençait déjà à changer. Il est probable que dans quelques années la rouche aura repris sa place.

8° Comme dernier fait, je dirai qu'à la porte du moulin de Rabaine, on trouve, à chaque pas, dans les prises de marais portant le même nom, dans celles de Marc, des Mathes, des Fazilières, la langue-d'oie, le chardon, la pentecôte, et la sarnuge.

Je me bornerai à citer ces faits.

Je crois qu'ils démontrent que le sol de nos marais mouillés, à couche supérieure terreuse, sont susceptibles d'acquérir une grande amélioratiotion, et qu'il suffira, pour obtenir ce résultat, de les débarrasser de l'eau qui les couvre presque constamment.

Il est évident, en effet, que c'est de là que vient tout le mal, puisque partout où le sol est un peu plus élevé, partout où l'eau passe rapidement et ne reste pas stagnante, on voit les herbes de bonne qualité remplacer les plantes marécageuses, et cela, sans aide de la part de l'homme , sans efforts , sans culture , et par suite de ces rapports secrets que la nature a établis entre les plantes et le sol qui doit les nourrir.

Or , comme ces marais occupent les 4/5 de la superficie du bassin que j'ai délimité plus haut , il est clair que lors même que notre opération n'amènerait de résultats avantageux que pour eux , elle serait encore excellente.

Mais j'ai la conviction qu'elle sera utile aussi pour les marais à surface tourbeuse et je vais le démontrer.

### Marais à sol tourbeux.

Dans ces marais, dont le niveau est , en général, inférieur à celui des terrains dont je viens de parler, les dépôts limoneux ont eu lieu comme ailleurs, mais dans des proportions moindres. Ces dépôts n'y forment pas une couche nettement distincte comme dans les autres parties du bassin. Mais leur mélange avec la couche tourbeuse en a singulièrement modifié la nature première , et a amené la formation d'une terre particulière , d'une couleur noire., tirant un peu sur le roux. Cette terre paraît contenir beaucoup plus d'argile que la terre gris-roux ; elle a beaucoup de liant, et elle devient promptement compacte et solide quand elle est restée quelque temps exposée à l'air et qu'elle a été débarrassée, par l'évaporation, de l'humidité qu'elle contient en excès. On peut s'assurer de ce fait en parcourant nos marais à sol tourbeux dans les années sèches. On a peine à concevoir alors comment ces terres qu'on a vues presque liquides, peuvent supporter le poids des bestiaux et des lourdes charrettes qu'ils conduisent.

Ces terres me paraissent donc réunir d'excellentes conditions pour la production des plantes fourragères. Elles sont d'une grande richesse en humus ; et si on les maintient dans un état convenable d'humidité, elles formeront, j'en suis persuadé, les meilleures, ou tout au moins les plus abondantes des prairies de la Seugne.

On sait, du reste, que ces terres n'ont pas besoin d'engrais et que les débris de la pierre calcaire sont pour elles le plus puissant des amendemens.

Or, la pierre de cette nature est abondante sur le sommet des collines qui bordent le bassin de la Seugne; et si l'accès des marais devient plus facile, nos cultivateurs auront bientôt suivi l'exemple de quelques-uns d'entre eux, dont je pourrais citer les noms, et qui ont obtenu, soit à Jarlac, soit au Gua de Courcoury, d'admirables résultats, en employant ce moyen d'amender leurs marais.

J'ai promis des faits, je vais en citer :

1° La rouche est la plante qui occupe, presque sans partage, la totalité de nos marais tourbeux. La nature du sol, l'abondance et la stagnation des eaux, lui donnent une vigueur extraordinaire. Les rares visiteurs qui m'ont accompagné dans mes excursions au milieu de ces marais, à peine bien connus des riverains, et parmi lesquels je suis heureux de pouvoir citer le nom de M. Dufaure, ancien ministre des travaux publics, ont été étrangement surpris à la vue de cette riche végétation qui donne une idée de celle des terrains primitifs de l'Amérique. Eh bien ! cette plante qui se trouve placée dans des conditions si favorables à son développement, disparaît avec la plus grande facilité, si on la coupe seulement pendant deux années de suite.

On peut même rendre sa disparition instantanée, en la coupant à la fin de l'automne, et de manière à ce que les jeunes pousses soient atteintes par les gelées.

Dans l'un comme dans l'autre cas, le sèche la remplace immédiatement.

Ce changement dans la nature des produits de nos marais, est une chose fort singulière ; mais c'est un fait parfaitement exact, bien connu des riverains de la Seugne, de la Boutonne, du Né et de tous ceux qui habitent les bords des bassins marécageux de la Charente-Inférieure, des Deux-Sèvres et de la Vendée.

Ainsi on peut, à volonté, changer un marais à rouche en un marais produisant de la sèche; et, par contre, remplacer la sèche par la rouche. Il suffit, pour obtenir ce dernier résultat, de faire le contraire de ce qu'on a fait pour arriver à la suppression de la rouche : c'est, tout simplement, de ne pas couper la sèche pendant quelques années. Dans ce cas, la rouche finit par prendre le dessus, et elle étouffe la sèche. Mais elle met beaucoup plus de temps pour reprendre la place ; et ce fait est très-important, car il prouve que le sol de nos marais ne produit cette plante qu'à regret.

2° Les marais de la rive droite qui avoisinent les hautes terres de Montils, sont tourbeux depuis la Cornelle jusqu'à Jarlac. Dans toute cette étendue du bassin, la coupe réitérée de la rouche amène inévitablement la production de la sèche ; et cette plante n'y vient pas seule, elle est presque constamment mélangée de langue-d'oie, de chardon, et, dans les années sèches, la sarnuge se montre fréquemment sur les points élevés. Or, cette seule transformation dans la nature des produits nous offrirait un avantage considérable, car le gros bétail se nourrit très-bien avec le foin de sèche.

11

3° J'ai acheté, il y a deux ans , dans les prises de Jarlac , une pièce de marais où la rouche croît avec une grande vigueur. Son prix de ferme dépasse rarement 30 fr. par hectare. Au Sud , et à quelques dixaines de mètres de distance , se trouve une autre pièce de marais dont le sol est identiquement le même. Son propriétaire , qui habite Jarlac , le fauche régulièrement tous les ans. Aussi la rouche a disparu ; et , à sa place , il récolte ordinairement au moins 5,000 kilogrammes de foin de sèche , par hectare , dont la valeur , portée au taux le plus bas , est , frais défalqués , de 12 fr. par 500 kilog. Il en résulte que son revenu dépasse 120 fr. chaque année, tandis que le mien est de 30 fr. au plus. La différence est donc de 90 fr., ce qui représente un capital de 1,800 fr.

4° J'ai également acheté une autre pièce de marais dans la prise des Gourbelles , commune de Courcoury. Elle joint , au Couchant , l'écours de la Reganne. Sa superficie est tourbeuse. Cette pièce est située vers le sommet du bassin particulier qui se prolonge depuis Jarlac jusqu'à la chaussée de Moulin-Neuf et qui est délimitée, au Nord, par l'île de Courconry, et à l'Ouest par les écours de la Reganne et du Jard. Dans toutes ces prises , la rouche vient avec une vigueur étonnante. A peu de distance de l'extrémité Ouest de mon marais , dont le prix de ferme ne dépasse pas 30 fr., un cultivateur de Jarlac en possède une pièce dont l'étendue est de 22 ares environ. Il y a deux ans , il en a vendu la première coupe 27 fr. , soit 1 fr. 22 centimes par are , ou 122 fr. l'hectare , et il s'est réservée la seconde coupe dont la valeur doit être portée , au minimum , au 1/3 de la première.

Or , la seule différence qui existe entre mon marais et celui dont je parle , c'est que ce dernier est situé sur le bord de l'écours de la Réganne et que, dès-lors, l'eau ne séjourne jamais à sa surface.

Au surplus , la partie Ouest de mon marais qui joint immédiatement l'écours de la Réganne , donnait aussi , il y a quelques années, de l'herbe de bonne qualité , lorsqu'elle était fauchée régulièrement ; aujourd'hui elle est couverte de rouche.

5° Sur la lisière Sud de la prise des Gourbelles , à 200 mètres au plus en amont de mon marais , mais sur le bord de l'écours, M. Thibaudeau de Jarlac , adjoint de M. le Maire de Montils , est propriétaire d'une pièce de marais qu'il fauche tous les ans , et dont il obtient des foins grossiers mais propres à la nourriture du gros bétail. Dans les années sèches , la qualité de ces foins s'améliore d'une manière étonnante. Ils sont alors mélangés de chardon et de langue-d'oie , et , dans ces années favorables , le prix de la coupe s'est élevé parfois de 120 à 130 fr. par hectare.

C'est une chose digne d'intérêt que de voir, dans ce marais, le travail et l'industrie de l'homme disputer aux eaux le terrain pied à pied , en cherchant à faire prédominer les bonnes herbes sur les mauvaises. Quand deux années de sécheresse se suivent, l'homme l'emporte. Il étend les limites de sa conquête sur les eaux , et le cercle de la prairie à fourrage s'élargit. Quand , au contraire , deux années pluvieuses se succèdent , ce cercle se rétrécit , et les plantes marécageuses reprennent peu à peu le terrain qu'elles avaient perdu. Que l'art vienne en aide à nos cultivateurs, et bientôt ces vastes marécages formeront de bonnes prairies.

6° Les marais de Marc , ceux de l'Aubrade , etc. , produisent aussi , dans les années sèches , et quand ils sont fauchés régulièrement , des foins propres à la nourriture des bestiaux de labour. Je puis citer à ce sujet le changement apporté, il y a quelques années, dans le marais que le sieur Méchin, de l'Aubrade, a acheté d'un sieur Robert, de Pons, pour une somme de 240 fr. par hectare : ces marais ne produisaient que de la rouche qui, depuis plus de vingt ans, n'avait pas été coupée. Le sieur Méchin les a fauchés régulièrement; et, aujourd'hui, il y récolte des foins d'assez bonne qualité, et on y rencontre fréquemment la langue-d'oie et le chardon.

7° Sur la rive gauche de la Seugne, dans les marais des Breuils, j'ai trouvé, à plus de 600 mètres dans l'intérieur, en amont de Courcion, et parmi la rouche la plus épaisse, des pieds de bouton d'or et de pentecôte, qui semblaient, par leur présence au milieu de ces plantes marécageuses, protester contre l'incurie de l'homme, et qui attestaient que le sol qui les supportait était susceptible de produire des herbes de bonne qualité.

8° Deux des membres de la commission syndicale, MM. Branges et Rateau, ont fait dans ces marais, il y a quelques années, une expérience semblable à celle du meûnier de Rabaine et qui a parfaitement réussi. Ils ont étendu sur le sol des terreaux provenant du recurage de leurs aires et du balayage de leurs granges à foin, et ils ont obtenu, l'année suivante, une magnifique coupe d'excellentes herbes.

9° Il y a vingt ans à peine, et ce fait est de notoriété publique, qu'une imprudence occasionna l'incendie des vastes marais à superficie noirâtre qui s'étendent depuis l'Aubrade jusqu'à Jarlac. Le feu consuma la rouche et détruisit en partie ses racines. L'année suivante, les propriétaires furent extrêmement surpris de voir leurs marais se couvrir de foin de sèche, mélangés de langue-d'oie, de chardon, de sarnuge et surtout de trèfle.

10° Enfin, et ce fait est très-remarquable, et devrait à lui

seul dissiper tous les doutes , quand deux années sèches se succèdent , l'aspect entier des marais change. Les bonnes herbes se
montrent de toutes parts , et les cultivateurs sont heureux alors
de couper ces foins pour la nourriture de leurs bestiaux , dont ils
augmentent le nombre dans ces années favorables, mais qui dé-
périssent et dont ils sont contraints de diminuer la quantité dans
les années pluvieuses.

Ces faits prouvent clairement que le sol des marais dont la
couche supérieure paraît tourbeuse , mais qui , en dernière analyse , n'est qu'un mélange des dépôts terreux avec la tourbe
primitive , peut produire d'autres plantes que la rouche .

Maintenant , au point de vue général , et en faisant abstraction
de la classification que j'ai établie tout à l'heure , si nous con-
sultons les titres anciens , la tradition , les pièces officielles
émanant de l'autorité administrative, nous arrivons à la connaissance des faits suivans :

Le 1er mai 1471 , Jacques de Pons concéda aux habitans de
la paroisse de Colombiers , une vaste étendue de terrain , *le long
de la rivière de Seugne* , pour servir , dit l'acte de concession ,
de *padians communs pour nourrir et faire paturager les bétes
de quelque genre que soient.*

La naïveté de ces expressions peut faire sourire. Mais il n'en
est pas moins vrai qu'elles nous fournissent un renseignement
précieux sur l'état des lieux à cette époque. Elles prouvent que
ces terrains, dont l'accès est si difficile aujourd'hui, étaient alors
parcourus librement , et sans danger , par les bestiaux de toute
espèce.

Il est de notoriété publique que les marais tourbeux de Jarlac,
notamment celui appelé le marais des Vaches , et ceux qui sont
situés entre Jarlac et Rabaine , étaient accessibles autrefois pour

les bestiaux. Plusieurs témoins encore vivans attestent ces faits. On trouve même , de distance en distance , dans ces marais , les vestiges des anciennes loges ou étables dans lesquelles les bestiaux se retiraient pendant la nuit. Mais les pieux qui les soutenaient , sont souvent devenus des arbres qui dessinent aujourd'hui l'enceinte de ces constructions rustiques , et dont l'âge peut indiquer à quelle époque elles ont été établies.

C'est dans le milieu de ces mêmes marais, qui sont aujourd'hui couverts de rouche, mais qui avaient été améliorés par les travaux de M. de Lilleferme , que se trouvaient les immenses meules de foins que les incendiaires firent consumer par les flammes dans la nuit du 31 août 1766.

Maintenant, si nous portons notre attention de l'autre côté du bassin marécageux , nous y observerons les mêmes faits.

Avant la révolution , les marais de la Jard formaient des paturages communs. Des loges y étaient aussi construites pour servir d'abri aux bestiaux. A cette époque, le paturage était bon, la rouche était presque inconnue, et le jonc très-rare. Des témoins nombreux attestent ces faits , soit comme en ayant eu connaissance , soit comme les tenant de leurs pères.

Mais ce mode d'usage en commun , ayant cessé au moment de la révolution , les anciens écours , nolles ou reganneaux qui étaient autrefois maintenus en bon état , parce que les travaux d'entretien s'effectuaient sous l'influence d'un sentiment d'intérêt général , s'envasèrent peu à peu dès que la division du sol eut amené la division des intérêts et paralysé toute action , et les herbes marécageuses reprirent le dessus.

Je pourrais citer des faits du même genre pour les marais situés au Nord de la chaussée de Rabaine, pour ceux de l'Aubrade, etc., mais je craindrais d'abuser de la patience de mes lecteurs.

Je me bornerai à leur rappeler que les termes remarquables de l'arrêt du 17 avril 1753, que j'ai transcrit littéralement dans la première partie de mon travail, servent de complément et de preuves à toutes mes assertions.

C'est une chose bien précieuse pour nous que cette connaissance de l'état ancien des lieux : tous les doutes sont levés par des termes aussi précis ; et les objections, quelque spécieuses qu'elles puissent être, s'évanouissent devant un témoignage aussi authentique et parti d'aussi haut.

Je regarde donc ma première proposition comme démontrée, et je me crois autorisé à dire que le sol de nos marais mouillés, soit à couche supérieure terreuse, soit à superficie tourbeuse, est susceptible de produire des plantes propres à la nourriture des bestiaux, et que la présence et la prédominance de la rouche est due uniquement à leur état continuel de submersion.

Reste maintenant la question de savoir quels sont les avantages que le desséchement procurera aux propriétaires de ces terrains.

### Examen de la deuxième question.

Cette question a été posée ainsi :

Le changement que le desséchement amènera dans la nature des plantes qui couvrent le terrain de la troisième classe syndicale, ou marais à rouche, produira-t-il une augmentation dans le revenu, et, par suite, dans le taux du capital ? Quel sera le chiffre de cette augmentation ?

On peut arriver à la solution :

1° En comparant la valeur vénale des marais à rouche, avec celle des marais produisant des foins de qualité inférieure.

2° En mettant en parallèle les chiffres indiquant le maximum et le minimum des prix de vente des terrains placés dans les limites d'un même bassin.

3° En prenant pour point de départ la plus-value que les recurages de certains écours ont donnée de nos jours aux marais voisins.

4° En recherchant enfin les anciens prix de vente, et en tenant compte des variations qu'ils ont éprouvées.

Je vais indiquer sommairement, le résultat de mes recherches sur ces divers points.

## I

J'ai démontré plus haut, par des faits et par des chiffres :

1° Que le prix de vente de l'hectare de marais à rouche ne pouvait pas dépasser, en exagérant même sa valeur, une somme de 600 francs.

2° Que le revenu représentait rarement, dans les années les plus favorables, l'intérêt à 5 p. 0/0 de ce capital.

Maintenant, les marais qui peuvent se faucher tous les ans, et qui produisent des foins, quelque inférieure que soit leur qualité, se vendent, au minimum, 1,200 francs l'hectare.

La différence entre ces deux prix est de 600 francs.

Evidemment, s'il existe entre la valeur vénale de ces deux sortes de marais, dont le sol est presque toujours identique, une différence aussi forte, on doit en conclure que le revenu des derniers est supérieur à celui des premiers, de 30 fr. au moins.

C'est aussi ce qui a lieu.

Si le desséchement ne produisait d'autre effet que de ramener les marais à rouche à l'état des marais à fourrages grossiers ; nous aurions donc encore fait une bonne opération, et réalisé, sur 1,500 hectares, un bénéfice de près d'un million.

## II

Quant aux différences qui existent dans les prix de vente des terrains placés dans les limites du même bassin, elles sont telles, dans les parties supérieures et inférieures du syndicat, que ces prix varient souvent de 4,500 fr. à 1,000 fr. par hectare.

Ces variations sont aussi très-remarquables dans la partie moyenne, pour les terrains placés à l'aval de Colombiers et de Mérignac, et dont je m'occupe spécialement dans ce moment.

Dans le bassin n° 4, les prix varient de . . 3,000 à 500 fr.
Dans le bassin n° 5, de . . . . . . . . 1,200 à 500 fr.
Dans le bassin n° 6, de . . . . . . . . 1,500 à 600 fr.
Dans le bassin n° 7, de . . . . . . . . 2,000 à 900 fr.
Soit, en moyenne, un prix maximum de. . . . . 1,925 fr.
Et un prix minimum de . . . . . . . . . . . 625 fr.

Différence. . . . . . . . . 1,300 fr.

Or, ici comme au-dessus de Colombiers, et en tenant compte de rares exceptions que j'ai dû apprécier et que j'ai signalées, la cause de ces différences dans les prix, ne vient pas de la dissemblance dans la nature du sol, mais uniquement du degré de submersion. Il est clair, en effet, que cette dissemblance ne pouvait pas exister d'une manière appréciable, dans des terrains dont les couches, établies horizontalement les unes sur les autres, ont la même origine, les mêmes éléments constitutifs et ne sont autre chose que le résultat des dépôts que les eaux font, depuis des milliers d'années, dans le bassin marécageux. Quant aux limites des bassins particuliers, il est évident aussi qu'elles n'ont rien d'absolu. C'est le caprice des constructeurs d'usines qui les a tracées.

### III

Le tableau suivant donne une idée de l'effet des recurages opérés, il y a quelques années, dans certains écours, et de la plus-value que les terrains voisins ont acquise. Les chiffres qu'il contient m'ont été fournis, sur les lieux mêmes, par les commissaires qui m'accompagnaient pendant le sondage du marais. Ces chiffres sont donc l'expression de la vérité, et ils sont loin d'être exagérés.

*Etat de la plus-value que les recurages des écours d'alimentation des moulins du Gua et de Courpignac, et de ceux de la Chaume, de la Seugne-Marrau et de la Digue, ont donnée aux terrains riverains (par hectare.)*

| NOMS des COMMUNES. | NOMS des PRISES DE MARAIS. | VALEUR AVANT les recurages. | VALEUR DEPUIS les recurages. | Différence en plus. |
|---|---|---|---|---|
| | | francs. | francs. | francs. |
| | Les Petites Mattes. | 500 | 1400 | 900 |
| Berneuil. | Derrière la Vergnée. | 500 | 1200 | 700 |
| | Nancrevier. | 500 | 1200 | 700 |
| Courcoury. | Le Triget. | 600 | 1500 | 900 |
| | La Paponne. | 500 | 1100 | 600 |
| | Pré Chapitre. | 1000 | 2000 | 1000 |
| Berneuil. | Le Muant, la Perche, la Fleurissonne, pré de la Grue, la petite Longée, les Gautreaux, etc. | 700 | 1400 | 700 |
| Courcoury. | La Cognasse, Chez Trot. | 700 | 1400 | 700 |
| Berneuil. | Pré des Mouliniers. | 1200 | 2000 | 1800 |

Quant aux marais du *Rateau*, de la *Sauzée*, du *Gua*, etc., situés dans les communes des Gonds, de Berneuil et de Courcoury, le recurage de l'écours de la Digue-droite a augmenté leur valeur, mais pas autant, à beaucoup près, que cela aurait dû être, parce que le barrage qui existe à la tête de cet écours, a été maintenu dans l'intérêt des moulins de Roanne, et qu'il relève considérablement le plan d'eau en amont.

Quoi qu'il en soit, il n'en est pas moins évident que de simples recurages ont amené dans la valeur vénale de ces marais des différences telles, que les prix de vente ont toujours doublé, et parfois ont presque triplé.

Or, si ces travaux avaient été effectués sur une large échelle, s'ils avaient été complets en un mot, et si, surtout, ils avaient procuré des moyens d'accession à ces terrains marécageux, ces différences seraient devenues plus considérables. Les prix de vente se seraient élevés d'autant plus que la certitude de voir leur état d'amélioration, non pas s'accroître, mais se maintenir seulement, aurait été plus grande. C'est l'incertitude sur le point de savoir si cet état d'amélioration sera stable, qui est le plus grand obstacle à l'augmentation des prix de vente. Les acheteurs ont raison d'être circonspects; car le défaut d'entretien des écours, l'imperfection des travaux, n'ont procuré qu'une amélioration momentanée, et, aujourd'hui, plusieurs de ces marais sont déjà revenus, ou tendent rapidement à revenir à leur ancien état.

## IV

Ce que j'ai déjà dit de la notoriété publique, de l'examen des anciens titres, des expressions si remarquables contenues dans l'arrêt du Conseil-d'État du 17 avril 1753, démontre que la valeur des marais mouillés était autrefois bien plus considérable qu'elle ne l'est aujourd'hui.

Je vais citer encore quelques faits :

Les travaux que M. de Lilleferme fit exécuter depuis Mérignac jusqu'à Jarlac, avaient tellement amélioré les terrains situés à l'aval de Mérignac, que son successeur, M. Otard, ayant arrenté, il y a quarante ans environ, à la famille Grélard, de Montils, une pièce de pré située dans la prise appelée la Rivière de Pons, le prix d'amortissement fut fixé à 3,230 fr. par hectare.

Cette famille a amorti cette rente, il y a quelques année. Mais à cette époque, la détérioration de ces marais était devenue telle, que MM. Otard frères, négocians à Cognac, par un sentiment de généreuse justice, firent une remise considérable sur le capital stipulé dans l'acte d'arrentement.

Aujourd'hui, le prix moyen des terrains situés dans la prise de la Rivière de Pons, ne dépasse pas 1,800 fr. Leur valeur a donc diminué, depuis un demi siècle, de plus de 1,400 fr. par hectare.

Après le partage des communaux situés à l'Ouest de la Seugne, les nouveaux propriétaires supprimèrent le parcours. Dans les années sèches, les prix des coupes s'élevaient souvent à 110 et 120 fr. par hectare. Année commune, il arrivaient au minimum de 65 à 75 fr.

Cet état favorable se maintint pendant quelques années. Plusieurs actes authentiques font foi que les prix de vente, dans la commune de la Jard, dépassaient souvent, à cette époque, 1,000 fr. par hectare. Vingt ans après le partage, les prix tombèrent à 300, à 250 et même à 200 fr. J'en ai dit les raisons plus haut.

Or, si on avait empêché le développement de ces causes de détérioration, n'est-il pas évident que ces propriétés auraient suivi la progression ascendante que nous remarquons dans la valeur vénale des autres parties du sol, valeur qui a plus que doublé sur tous les points, et n'est-il pas évident aussi qu'en les faisant disparaître aujourd'hui, ces propriétés reprendront leur valeur primitive, avec cette différence seulement qu'elle s'exprimera par un chiffre double.

Je termine ici mes citations.

Des faits et des chiffres qui précèdent je me crois autorisé à conclure que des travaux qui auraient pour effet de détruire les causes de détérioration de nos marais, feraient monter rapidement le prix de vente des terrains de la troisième classe syndicale, au taux du prix actuel des terrains de la deuxième, c'est-à-dire le porteraient de 600 à 1,800 fr.

Il est même probable que la moitié au moins de ces terrains arriverait facilement à la valeur des prairies de la première.

Je sais bien que certaines parties, notamment celles qui sont traversées par des courans souterrains, n'atteindront pas une plus-value aussi élevée, mais le nombre de ces parcelles, comparé à celui des parties qui s'amélioreront, est si minime que nous ne pouvons pas nous arrêter à cette considération, dans des évaluations établies au point de vue général.

A ce compte, le desséchement de nos marais mouillés nous procurerait un bénéfice de 1,200 fr. par hectare, si nous prenons pour point de départ le prix fictif de 600 fr. que j'ai posé plus haut, mais qui s'élèverait à 1,350 fr., si nous calculions ce bénéfice d'après le prix réel, qui est de 450 fr.

En prenant pour base le premier chiffre, nos 1,500 hectares desséchés acquerraient donc une plus-value totale de 1,800,000 francs.

Ces chiffres ne paraîtront point exagérés à ceux qui connaissent les résultats produits par les travaux de desséchement dans les bassins de la Sèvre, de la Boutonne, de Brouage, de Pont-l'Abbé, de Saint-Augustin, de Saint-Just, du Né, etc.; sur tous ces points, la valeur des terrains a triplé, et souvent quadruplé. Et, ce qui est digne de remarque, ces résultats ont été obtenus dans des contrées où la population est encore rare, et où la valeur du sol n'a pas acquis tout le développement qu'elle a pris sur les rives de la Seugne.

Ces chiffres paraîtront encore moins exagérés, si on veut bien réfléchir que la conversion de 1,500 hectares de marais en prairies susceptibles de produire des foins, permettrait de nourrir facilement, à l'aide du parcours, 2,000 têtes de gros bétail en plus. C'est là l'effet que les recurages des écours dont j'ai parlé plus haut, ont produit presque instantanément dans les villages de Boissignac, de Courcion, de Courpignac (commune de Berneuil), et dans ceux de la commune de Courcoury qui sont situés près des marais qui joignent ces écours.

Or, si on veut porter le bénéfice net sur le croît, à 25 fr. seulement, par tête de gros bétail, on obtiendra, pour 2,000 têtes, une somme totale de. . . . . . . . . . .    50,000 fr.

Et si on admet que chaque attelage puisse fournir 50 journées de travail par an, et qu'on fixe le prix de la journée à 1 fr. 50 c. seulement de produit net, on arrive à un chiffre de. . . . . . . . .    75,500 fr.

Soit, en totalité. . . . . .    125,500 fr.

Mais ces bénéfices ne sont pas les seuls.

Ces 2,000 têtes de gros bétail donneraient, au minimum, 16,000 charretées de fumier. Il en résulterait que, chaque année, on pourrait fumer en plus, environ 800 hectares de terre. Mais comme les détritus de la rouche fournissent aussi, aujourd'hui, une masse de fumier assez considérable, quoique de fort mauvaise qualité, je réduis ce nombre à 400 hectares. On sait que le produit d'un hectare de terrain fumé, comparé à celui d'un champ de même étendue qui ne l'est pas, est supérieur, d'un tiers au moins, à celui du dernier. J'évalue cette différence à quatre hectolitres seulement par hectare, soit pour 400 hectares, 1,600 hectolitres ; or, maintenant, sans tenir compte ni de l'excédant des pailles, car il en a fallu pour faire les fumiers, ni de l'augmentation dans le produit que le fumier donnera aux secondes récoltes, ni de la plus-value qu'acquiert rapidement un terrain amendé de longue main, valeurs que je laisse pour balance des frais, avances de capitaux, etc., je trouve que 1,600 hectolitres de blé en plus, donnent, à 18 fr. seulement l'hectolitre, un produit net de . . . . . . . . . . 28,800 fr.

Le desséchement des terrains de la troisième classe syndicale auraitdonc pour effet, si mes chiffres sont exacts, de porter le revenu net de nos 1,500 hectares de marais, à 153,800 fr.

Et le revenu net actuel étant de . . . . . . . 45,000 fr.

L'augmentation serait donc, dans l'hypothèse que je signale, de. . . . . . . . . . . . . . . 108,800 fr.

Ce qui représenterait un bénéfice de. . . . 2,176,800 fr.

Si enfin on veut calculer les bénéfices en prenant une autre base, on peut dire :

1,500 hectares de prairies produisant, en moyenne, 4,500

kilogrammes de foin grossier par hectare , donneront , chaque
année , 6,750,000 kilogrammes de foin : à 12 fr. le 500 kilo.,
frais déduits , c'est un produit net de. . . . . . 162,000 fr.

En défalquant pour le produit actuel . . . . . 45,000 fr.

On arrive encore à obtenir un accroissement de
revenu régulier équivalent à . . . . . . . . . . 117,000 fr.

Ou à une plus-value au capital de 2,340,000 fr.

Ces chiffres servent de contrôle à ceux que j'ai posés plus
haut. Ils forment la preuve de mes calculs.

Je maintiens donc que le bénéfice à obtenir sur nos 1,500
hectares de marais mouillés, sera, au minimum, de 1,800,000 fr.

Mais ces avantages ne sont pas les seuls que le desséchement
procurera aux riverains de la Seugne.

On se fait difficilement une idée des pénibles travaux auxquels l'exploitation du marais assujettit cette partie de notre
population , et des inconvéniens qu'entraîne pour elle l'insalubrité de l'air.

Ces travaux s'effectuent pendant les chaleurs de l'été. Lorsqu'ils commencent , le marais n'est pas complètement sec , et
les ouvriers travaillent les pieds dans l'eau pendant la plus grande
partie de l'exploitation.

Au surplus , le marais est plus sain quand il est recouvert de
quelques centimètres d'eau que lorsqu'il se dessèche. C'est alors
qu'il devient infect. Les eaux qui le baignent , réduites à une
faible épaisseur , et chargées de matières animales et végétales ,
se décomposent sous l'influence d'un soleil brûlant. Elles croupissent sur le sol imprégné lui-même de matières analogues.
Alors les miasmes les plus insalubres s'échappent de son sein.
Le matin , d'épaisses vapeurs recouvrent sa surface. Si le vent

s'élève , elles semblent disparaître ; mais leur partie supérieure seule est enlevée. L'action du vent est nulle sur les couches inférieures. Il glisse sur les tiges de la rouche qui s'abaissent sous son souffle, et qui se collent les unes aux autres, en formant une sorte de couverture mobile qui conserve au marais et les gaz et l'humidité qui paraissent si nécessaires à la prospérité des plantes qu'il supporte. Aussi , quand on est placé au milieu de ces roseaux élevés , est-on tout surpris de voir les tiges de la rouche s'incliner sous l'action du vent , tandis qu'on se trouve au milieu d'une fournaise ardente , où l'air est épais , fétide et sans mouvement. J'ai passé de longues journées ainsi , et j'avais peine , au milieu de ces roseaux agités , aux surfaces luisantes , qui réfléchissaient , de toutes parts , les rayons du soleil , à échapper à une sorte d'éblouissement qui déterminait inévitable-ment , ou un violent mal de tête , ou un vomissement. J'ai vu souvent des hommes plus robustes que moi , plus habitués sur-tout au séjour des marais, éprouver les mêmes symptômes et les même accidens.

L'effet des exhalaisons du marais est tel , que les riverains , mais surtout ceux qui habitent à l'Ouest, sont , chaque année, exposés à des fièvres intermittentes et pernicieuses. Souvent , le tiers de la population est frappé. La ville de Saintes elle-même, quoique située à une assez grande distance , ressent l'effet de ces exhalaisons marécageuses ; et , ce qu'il y a de très-remarquable , c'est que ce ne sont pas seulement les riverains que la fièvre at-teint. Elle sévit aussi contre les individus qui n'ont passé qu'un très-petit nombre de jours à travailler dans le marais. J'ajouterai que ces travaux coïncident avec ceux de la moisson et du battage des blés , qui sont si fatigans. On comprend , dès-lors , com-bien l'air malsain de ces marécages doit avoir d'influence sur

12

des hommes déjà épuisés par un travail excessif , et obligés de
rester les pieds dans l'eau pendant toute la journée. Aussi ces
fièvres , et leurs suites , sont tellement redoutées , que je pourrais citer, sur les deux rives de la Seugne , plusieurs chefs
d'exploitations rurales qui ont toutes les peines du monde à se
procurer des domestiques et des métiviers par la crainte excessive que les travaux des marais inspirent à ces derniers.

Ces faits sont de notoriété publique. Tous les médecins de la
contrée les attestent. Et les populations riveraines , surtout celles
de l'Ouest , présentent, à bien peu d'exceptions près , le teint
hâve et les traits étirés qui annoncent une santé chancelante et
les suites de la fièvre.

On peut aussi faire une autre remarque : c'est l'état de gêne et
de misère qui se montre de toutes parts sur la lisière de nos
marais. Cette détresse fait un étrange contraste avec la richesse
des terres qui les bordent , et dont la végétation est admirable.
Il semble que les ressources qu'offre le marais pour le chauffage,
la nourriture en vert pour les bestiaux , et pour la chasse et la
pêche, devraient donner aux populations riveraines l'aisance au
lieu de la misère. Il n'en est rien. La population s'éloigne peu à
peu de ces terrains pestilentiels. De rares habitations se font remarquer sur leurs bords. A Courcoury, l'émigration est à-peu-près
complète. Depuis la Fossade jusqu'aux Grois, sur un développement de 4,000 mètres, on ne trouve que trois petits hameaux. La
population tout entière est passée au Nord de l'île. Là , sur une
superficie de 5,000 mètres de longueur , et de 1,000 mètres de
largeur , on compte au moins vingt villages et un grand nombre
de maisons isolées. Et , cependant , les terres du Sud sont encore
plus riches que celles du Nord. Les Romains semblent les avoir
habitées de préférence ; car on rencontre fréquemment , sur la

lisière du marais , des restes de leurs constructions. On cherchera peut-être à expliquer cette migration par la proximité de la Charente et de ses prairies , et par la facilité qu'elles présentent pour le parcours. Cela peut être vrai. Mais qu'on donne aussi au Sud de l'île de Courcoury des eaux vives , un air pur , des prairies accessibles pour les bestiaux , et on verra peu à peu la population revenir aux bords qu'elle a abandonnés.

Toutes les personnes qui ont parcouru nos bassins marécageux ont pu faire les mêmes remarques. Il suffit même de jeter les yeux sur une carte de Cassini pour acquérir la connaissance de ces faits. Si on y suit de l'œil le cours des rivières qui traversent ce département et ceux de la Sèvre et de la Vendée , on remarquera que les habitations si nombreuses sur leurs rives , quand leurs bassins ne sont pas marécageux , deviennent de plus en plus rares à mesure que l'on se rapproche des parties où leurs eaux submergent les terrains environnans.

C'est sur les bords de la Charente que ce fait est bien remarquable. Cette rivière, dont les eaux sont si pures, si limpides dans la partie supérieure de son cours, et jusqu'aux approches de Tonnay-Charente , coule , à partir de ce point, dans un bassin qui devient de plus en plus marécageux ; et la population qui se pressait sur ses rives, s'en éloigne peu à peu, à mesure qu'elle s'avance à travers les plages marécageuses qu'elle rencontre avant d'arriver à la mer , et dont l'état a été considérablement amélioré depuis un demi-siècle, mais qui renferment encore assez de causes de destruction, pour décimer tous les ans, au moment de la canicule, les rares habitans qui y séjournent.

On peut faire les mêmes observations dans l'arrondissement de Marennes , et enfin sur la Seugne elle-même, en divisant son cours en deux parties, dont le point de réunion serait la ville de Pons.

La fièvre seule et ses suites font éprouver annuellement une perte énorme aux riverains de la Seugne, en paralysant chez leur population ouvrière, des forces qui, dans l'état de santé, auraient été disponibles pour le travail.

On pourra en juger par ce que je dirai plus tard, en parlant des ouvriers dont l'industrie spéciale est l'exploitation des marais à rouche.

Si le desséchement ne produisait d'autre effet que d'assainir le pays, il serait donc encore une opération d'une haute utilité, et qui, à ce titre seul, devrait obtenir l'appui du gouvernement, et les sympathies des hommes amis de l'humanité.

Je passe actuellement à l'examen des objections que notre projet a soulevées.

## OBJECTIONS.

Toutes les fois qu'on cherche à innover dans ce monde, à apporter une modification quelconque dans l'état des choses, on doit s'attendre à trouver en face de soi, selon toute probabilité, un intérêt, et inévitablement un abus : c'est-à-dire les deux obstacles les plus difficiles à vaincre, et dont la puissance de résistance soit la plus grande.

Ici, comme partout, nous trouvons en opposition avec nos projets, et des intérêts, et des abus à côté de ces intérêts; et cela est tout simple, car nos projets ne peuvent s'effectuer sans déplacer les premiers, et sans détruire les seconds.

J'ai déjà dit en quoi consistaient les abus, en parlant des moulins et des pêcheries. J'ai dit aussi quelle serait la position de leurs propriétaires dans le cas du desséchement. Il est inutile de revenir sur ce point.

Mais ces abus ne sont pas les seuls que nous ayons à combattre : nos marais formaient autrefois , en majeure partie du moins , des communaux dont les riverains jouissaient indivisément ; aujourd'hui , et malgré le partage qui eut lieu en exécution de la loi du 14 août 1792 , les choses ont peu changé sous ce rapport. Une grande partie des riverains agissent encore comme ils l'eussent fait avant 1792 ; ils coupent les produits des marais, soit en vert pour leurs bestiaux , soit en sec pour le chauffage , sans trop se préoccuper des droits d'autrui. Il est si difficile de reconnaître les limites de ses propriétés , et surtout de surveiller ou de saisir les maraudeurs , que l'impunité la plus absolue leur est assurée. C'est le désordre le plus complet. Le mal est arrivé à un tel point, les moyens de répression sont tellement inefficaces, que les propriétaires , à bien peu d'exceptions près, ont pris le parti de souffrir patiemment cette violation continuelle et flagrante de leurs droits.

On a observé les mêmes faits dans tous les bassins marécageux , et partout la résistance comme les entraves apportées à l'exécution des desséchemens , sont venues des hommes qui profitent des abus que je viens de signaler, et qui, naturellement, par égoïsme, et souvent par ignorance , en désirent la continuation.

Les mêmes difficultés existeront pour nous ; mais elles gêneront peu notre marche, par cette raison toute simple , que les intérêts dont je parle ont une origine que la loi et la morale réprouvent , et qu'ils sont fondés sur des abus auxquels la grande majorité des propriétaires est décidée à mettre un terme.

Mais à côté de ces intérêts dont la source n'est pas pure , il en est d'autres dont le caractère est différent, et qui doivent être l'objet de toute notre attention. Je résume ainsi les objections sérieuses que ces intérêts ont soulevées , et je les réduis à trois.

On a dit :

1° Le desséchement amènera à une diminution dans le prix de ferme des bonnes prairies situées en dehors du bassin syndiqué. Il nuira à celles qui occupent les points culminans, les chantiers, ou qui forment la lisière extérieure du bassin marécageux.

2° La rouche est utile pour le chauffage des fours à pain. L'absence de ce combustible à bon marché, et la nécessité de le remplacer par un autre dont le prix sera plus élevé, amèneront forcément un accroissement de dépenses pour les riverains.

3° La disparition de la rouche enlèvera aux ouvriers pauvres, une industrie lucrative.

Je vais examiner séparément chacune de ces objections.

## I

*Examen de la première objection.*

L'intérêt des propriétaires des bonnes prairies situées en dehors du bassin marécageux, est trop égoïste pour être de quelque importance à nos yeux. Si de pareilles considérations devaient arrêter l'essor d'entreprises du genre de la nôtre, toute innovation en agriculture deviendrait impossible, le développement de la richesse publique serait entravé, et les intérêts généraux seraient constamment sacrifiés à quelques intérêts particuliers. Puis, en dernière analyse, une diminution dans le prix de ferme de ces prairies ne sera que temporaire, car la quantité des bestiaux augmente constamment en raison directe de l'accroissement de la masse des fourrages, et, dans un temps donné, mais très-court, l'équilibre se rétablira.

Quant aux prés élevés ou chantiers, situés dans l'intérieur du bassin syndiqué, et qui n'en occupent pas la vingtième partie, ils ne souffriraient que dans le cas où nous abaisserions trop le plan d'eau dans les écours de la Seugne. Mais nos travaux ont pour but, au contraire, de régler, à volonté, le niveau des eaux, et de l'élever ou de l'abaisser suivant les besoins des prairies, surtout au printemps et dans l'été. Il est évident, dès-lors, que le sol de ces prés, qui repose, comme celui des autres, sur une couche tourbeuse, sera maintenu dans un état d'humidité convenable ; et il est probable que leurs produits, loin de perdre, augmenteront considérablement de valeur sous le rapport de la qualité, sans diminuer sensiblement en quantité.

Le même raisonnement s'applique aux prairies qui forment la ceinture du bassin marécageux. Mais, en outre, il se rencontre ici deux circonstances toutes particulières que je dois signaler :

La première, c'est que l'élévation du sol de ces prairies permet rarement aux eaux des crues de la Seugne de les recouvrir. Elles ne sont donc abreuvées que par les eaux qui descendent des terrains supérieurs. Or, rien n'empêche les propriétaires de les conserver, à l'aide de barrages qui en ralentiront l'écoulement.

La seconde, c'est que la couche tourbeuse qui prend les eaux dans les écours pour les transmettre, de proche en proche, aux terrains qui la recouvrent, manque totalement dans ces prairies élevées. Un abaissement excessif du plan d'eau, qui enlèverait rapidement toute l'humidité de nos prairies à base tourbeuse, n'amènerait donc aucun inconvénient sensible pour ces prairies dépourvues de ces couches perméables, qui prennent et rendent les eaux avec une si grande facilité.

Il est clair, par suite, que nos travaux n'auront aucune influence appréciable sur l'état de ces prairies et que les craintes que leurs propriétaires ont conçues sont, ou fausses, ou, dans tous les cas, complétement exagérées.

II

*Examen de la seconde objection.*

La seconde objection est plus sérieuse. Elle mérite un examen approfondi.

Voici les faits qui s'y rattachent :

En moyenne , on peut porter à 150 javelles de rouche , la quantité que chaque famille des riverains de la Seugne emploie pour le chauffage des fours à pain.

Cette consommation entraîne donc une dépense de 12 fr. , si le prix de la rouche est porté à 8 fr. le cent , ou de 9 fr. , s'il est de 6 fr.

Maintenant, si on emploie pour le même usage des javelles de sarmens , il en faut moins pour produire le même effet ( un tiers environ ), mais la dépense augmente, parce que le prix du cent de javelles est , au minimum , de 15 fr.

La différence dans le taux de la dépense , suivant qu'on emploie l'un ou l'autre combustible , est donc de 3 fr. , dans le cas où la rouche se vendrait 8 fr. , et de 6 fr. , dans le cas où on la coterait à 6 fr. le cent.

Actuellement , je porte à 2,500 le nombre des familles qui se servent de la rouche , comme combustible , sur les deux rives de la Seugne. La dépense annuelle pour la cuisson de leur pain à l'aide de la rouche, est donc de 30,000 fr. dans la première hypothèse, et de 22,500 fr. dans la seconde.

Pour obtenir les mêmes résultats avec les javelles de sarmens, il faudrait dépenser 37,500 fr.

La différence serait donc un excédant de dépense de 7,500 fr. dans l'hypothèse la plus restreinte, et de 15,000 fr. dans la seconde.

Je prendrai pour base de mes calculs ce dernier chiffre comme étant le plus élevé.

Pouvons-nous offrir aux riverains de la Seugne des avantages qui compensent cet accroissement de dépense ? Telle est la question à résoudre. Sa solution est facile..

Les individus qui emploient la rouche comme combustible, sont presque tous propriétaires de marais. Ce fait est très-important. Car il est bien évident que nous ne devons tenir aucun compte des objections de ceux qui, étrangers à la propriété de nos marais, voudraient empêcher le desséchement tout exprès pour avoir du combustible à bon marché.

Or, si le desséchement augmente de 60 fr. le revenu de l'hectare de marais, et si les 2,500 familles, représentant environ une population de 10,000 individus, possèdent ensemble seulement 750 hectares de marais, elles auront donc obtenu, par l'effet du desséchement, un accroissement de revenu équivalant à 45,000 fr., somme supérieure de 30,000 fr., à celle de 15,000 fr., montant de la perte qu'elles auraient éprouvée. Leur avantage est donc évident.

Mais j'irai plus loin. J'affirme qu'il est possible d'assurer aux riverains de la Seugne, dans un temps donné, la production

d'une masse de combustible au moins égale en quantité , et bien
supérieure en qualité , à celui que fournit la rouche aujourd'hui .
Il est facile de démontrer cette assertion.

Nos terres marécageuses ont une grande puissance de végétation. Mais cette force ne produit d'effet que suivant certaines
conditions particulières et lorsqu'elle est employée à la production ou au développement des plantes , soit herbacées , soit
ligneuses , qui leur conviennent. Pour résoudre le problème que
je viens de poser , il s'agit donc tout simplement de rechercher
s'il est des plantes forestières qui puissent vivre et prospérer
dans le sol humide de nos marais. Or , l'observation des faits lève
tous les doutes à ce sujet. Le frène (1), le vergne (2), le saule (3),
etc. , viennent admirablement dans le bassin de la Seugne.
Leurs nombreuses racines , garnies d'un épais chevelu, trouvent
dans ce sol mouvant des points d'appui et des moyens de nutrition suffisans. Les plantations qui garnissent l'emplacement des
anciennes Loges , les îlots des Pêcheries , celles que plusieurs
propriétaires ont faites depuis quelques années, sur divers points
du marais , et notamment dans les prises de la *Seigneurerie* ,
entre Rabaine et Jarlac , l'aspect de la riche végétation des frènes
séculaires de Rabaine, des vergnées de Courcion, des jeunes fra-
gnées de Mérignac , démontrent , avec la dernière évidence , qu'il
ne s'agit pas ici d'une pure théorie , mais que le sol présente
toutes les conditions nécessaires pour la nutrition des plantes
forestières qui sont appropriées à sa nature. La tradition qui
annonce que les marais ne formaient autrefois qu'une vaste forêt,
les débris sans nombre de végétaux ligneux que la sonde ramène

(1) Fraxinus excelsior.
(2) Alnus communis.
(3) Salix.

sur tous les points , tendent encore à donner plus de force à mes assertions et à prouver que les résultats que j'indique peuvent être obtenus sur tous les points du bassin marécageux , puisque les mêmes conditions de production s'y rencontrent.

Or , nos marais ont , en moyenne , une longueur de 15,000 mètres, sur une largeur , aussi moyenne, de 1,500 mètres. Si nous établissions de doubles rangées d'arbres aquatiques sur les berges , soit des écours naturels , soit des canaux qui les sillonneront en tout sens , et dont le développement pour les lignes principales, tant longitudinales que transversales , est de plus de 110,000 mètres , nous aurions donc , en plantant à environ deux mètres de distance , au maximum , 200,000 pieds d'arbres, ou, en moyenne , 133 pieds par hectare ; chiffre bien inférieur à celui des plantations qui garnissent les bonnes prairies des environs de Pons. En admettant que ces arbres , à trente ans , et exploités en têtards, puissent donner cinq fagots par pied , ce serait un nombre total de un million de fagots ; et en les exploitant suivant le mode en usage dans le pays , c'est-à-dire avant la septième pousse , on aurait , chaque année , plus de 160,000 fagots qui donneraient une masse de combustible au moins égale à celle que la rouche fournit aujourd'hui et qui, d'ailleurs, s'augmenterait à mesure que les arbres prendraient plus de développement.

Les propriétaires trouveraient dans ces plantations de précieuses ressources pour leurs constructions rurales ; pour la confection de leurs outils et machines aratoires ou de traction , et pour le cerclage de leurs futailles et de leurs tonneaux. Plus tard , les vieilles souches fourniraient aussi une quantité considérable de gros bois qui manque complètement sur les rives de nos marais et dont la consommation s'accroît chaque jour par

l'établissement de nouveaux alambics destinés à la confection de
nos eaux-de-vie.

Des résultats semblables ont été obtenus sur les bords de la
Sèvre, de la Vendée, et de la Boutonne. Aujourd'hui, les belles
plantations effectuées depuis Marans jusqu'à Niort, fournissent
la majeure partie du bois de chauffage consommé sur les rives
de la Sèvre, et l'exportation des excellentes bûches de frêne,
connues sous le nom de cosses de Marans, s'étend jusqu'à la
Rochelle.

La quantité des herbes fourragères n'est pas diminuée d'une
manière sensible par la présence de ces arbres exploités en
têtards. Leur ombrage n'atteint qu'une faible partie de la superficie du terrain. Puis leurs racines destinées à chercher leurs
moyens d'alimentation dans les profondeurs de ces terrains tourbeux, épuisent peu les couches supérieures du sol. Au surplus,
nous voyons, sur tous les points, des exemples de plantation de
ce genre où le problème que j'ai posé a été résolu au grand
avantage des propriétaires. Enfin, je ferai observer que les frais
qu'elles entraîneront seront presque nuls. La majeure partie de
ces arbres prennent facilement de bouture. Quant aux autres,
rien n'est plus facile que d'établir des pépinières sur les bords
du marais.

Maintenant, il ne faut pas perdre de vue que ces plantations
donneraient une augmentation considérable de revenu et accroî-
traient la valeur vénale du sol. En portant à 20 fr. seulement
le prix net du cent de fagots, les coupes périodiques produiraient
annuellement une somme de 32,000 fr. ; et si on admet que les
200,000 pieds d'arbres puissent atteindre, à cinquante ans, une
valeur de 6 fr. seulement par pied, on serait arrivé à donner

à nos marais , en dehors des avantages que le desséchement leur procurera, une plus-value de 798 fr. par hectare, ou, en nombres ronds , de 1,200,000 fr. pour 1,500 hectares.

Cette seconde objection écartée, et d'après ce qui précède, on a pu en apprécier la gravité. Je passe à l'examen de la troisième, qui mérite aussi toute notre attention.

### III

*Examen de la troisième objection.*

Après avoir établi quelle serait , dans le cas du desséchement , la position des propriétaires de nos marais, j'ai dû me préoccuper sérieusement de celle des ouvriers qui trouvent dans l'exploitation de la rouche quelques-uns de leurs moyens d'existence.

Cette partie de mon travail n'a pas été la moins difficile. Il m'a fallu bien du temps et bien de la persévérance pour arriver à la connaissance de la vérité , au milieu des contradictions sans nombre qui surgissaient sur tous les points. Cette vérité , je crois pourtant l'avoir trouvée.

J'ai dit plus haut qu'un ouvrier devait consacrer au moins 75 journées pour l'exploitation d'un hectare de marais à rouche , et que cette exploitation commençait ordinairement à la fin de juillet pour se terminer à la fin de septembre ; ce qui donne, au maximum , 60 journées de travail par ouvrier. C'est donc, pour 125 hectares de marais, un nombre total de 9,375 journées ; lesquelles représentent , à 3 fr. chacune , la somme de 28,125 fr., montant de la valeur de cette main-d'œuvre.

Or, 9,375 journées, divisées par 60, indiqueraient que 156 ouvriers seulement sont employés chaque année à ce genre de travail.

Mais il y a ici deux remarques à faire :

La première, c'est que les ouvriers qui, dans une seule saison, coupent, javellent et transportent à bord de terre-ferme, le produit d'un hectare, sont extrêmement rares. Il en est peu qui exploitent chaque année au-delà de 37 ares de marais.

La seconde, c'est que ces ouvriers se divisent en deux classes : les propriétaires travaillant pour eux-mêmes, et les ouvriers qui font de ce travail une industrie particulière.

Je crois donc être dans le vrai en admettant:

1° que le nombre des ouvriers qui se livrent à ce travail est de 400 au moins ;

2° que le bénéfice industriel de l'exploitation se divise en deux parts égales entre les deux classes de travailleurs que je viens d'indiquer.

Et c'est de cette supposition, que j'ai soumise à des hommes éclairés, et qui leur a paru exacte, que je prendrai mon point de départ pour les calculs qui me restent à faire.

Dans cette hypothèse, les 200 ouvriers propriétaires prélèveraient donc 14,062 fr. 50 c., sur ces bénéfices industriels. Une somme égale serait dévolue aux ouvriers pauvres.

La question de savoir si on peut donner aux premiers l'équivalent de leurs 14,062 fr. 50 c., est facile à résoudre. Il me suffit de renvoyer à ce que j'ai dit plus haut, quant aux bénéfices que leur procurera le desséchement.

Seulement je dirai que leur perte ne peut pas être évaluée à cette somme, et cela par la raison toute simple qu'ils pourront disposer, pour d'autres travaux, des 4,687 journées qu'ils auraient employées à l'exploitation de la rouche. Cet emploi se trouvera tout naturellement dans la coupe des foins que produiront les marais desséchés.

J'ajouterai que , sur quatre ouvriers occupés à ces rudes travaux , il y en a au moins un , et souvent deux, qui sont atteints par la fièvre. Je pourrai, à ce sujet , présenter des chiffres qui établiraient nettement que ce seul inconvénient compense largement le haut prix actuel de la journée de travail. Mais je réserve ces calculs pour les ouvriers pauvres , parce qu'une répétition serait inutile et qu'il est suffisamment démontré que la position des ouvriers propriétaires de marais , sera infiniment améliorée par les avantages qui seront la suite du desséchement.

Quant aux ouvriers de la seconde catégorie , je n'ai pas assurément les moyens de leur procurer, par journée, le salaire élevé qu'ils perçoivent aujourd'hui. Mais j'affirme qu'il est possible de rendre leurs positions meilleures , sous le rapport sanitaire, et surtout de leur procurer une masse de travail supérieure à celle qu'ils trouvent dans leur industrie actuelle.

Je vais chercher à démontrer cette proposition.

Examinons d'abord à quelles conditions ce salaire si élevé est obtenu, et si les avantages qu'il procure ne sont pas souvent compensés par les inconvéniens qui en sont la suite :

En lisant ce que j'ai écrit sur l'insalubrité du marais, on a pu se faire une idée de ce que devait être le travail d'un pauvre ouvrier qui, pendant les chaleurs de l'été , reste constamment courbé sur ce sol dangereux, et exposé à l'influence délétère des gaz qu'il renferme. Aussi la fièvre et ses suites fâcheuses sont-elles souvent son partage.

Or , je soutiens que la fièvre seule enlève à ces ouvriers la presque totalité du bénéfice qu'ils trouvent dans l'exploitation de la rouche.

Voici des chiffres qui établissent cette vérité.

Les fièvres qui sont la suite des travaux dans le marais, sont ordinairement de longue durée. En fixant cette durée à trois mois seulement, et le nombre des ouvriers atteints à un sur quatre, cinquante, sur deux cents, seraient donc frappés chaque année. Si chacun de ces ouvriers perdait seulement 20 journées de travail par mois, ce serait 60 journées pour trois mois, ou, pour eux tous, 3,000 journées. En portant le prix de la journée à 1 fr. 50 seulement, la perte serait donc de 4,500 fr.

Mais actuellement, cette somme s'accroît de l'excédant de dépense et des pertes qui sont la suite naturelle de la maladie, des modifications dans le régime alimentaire, des frais de médecin, de pharmacien, de l'absence de la surveillance dans les travaux de la famille quand le chef est atteint, du temps et des soins à donner aux malades, etc. Je crois qu'on peut, sans exagération, porter le taux de ces dépenses et de ces pertes à un chiffre égal à celui que je viens de poser plus haut.

A ce compte, les effets de la fièvre seule diminueraient, chaque année, de 9,000 fr. le chiffre du bénéfice industriel que nous avons évalué à 14,062 fr. 50 c., et le réduiraient à la somme de 5,062 fr. 50 c., ce qui donnerait, pour 4,687 journées de travail, un prix maximum de 1 fr. 09 c.

On voit par là que le haut salaire qui séduit aujourd'hui ces ouvriers est plutôt apparent que réel. Ils ne l'obtiennent, à bien peu d'exceptions près, qu'au prix de leur santé et en abrégeant leurs jours. Souvent, d'ailleurs, l'accès du marais leur est interdit, et dans les années pluvieuses, cette ressource leur manque complètement.

Ces chiffres, en les généralisant, nous révèlent les causes de la misère qui est devenue le partage d'une partie des populations

riveraines de nos marais , et qui forme un si étrange contraste
avec le bien-être et l'aisance que nous remarquons chez les habitans des bords de la Charente.

La chasse et la pêche leur offrent bien quelques ressources :
mais ce sont encore des ressources plutôt apparentes que réelles,
car le pêcheur comme le chasseur donnent en échange de chances
souvent hasardeuses, une valeur réelle et positive : leur temps et
leur travail.

Raisonnons maintenant dans l'hypothèse où le desséchement
serait effectué et voyons si la position de ces ouvriers peut être
améliorée par un changement dans l'état actuel des choses.

Si le desséchement a lieu, chacun de nos ouvriers pourra disposer des journées qu'il emploie aujourd'hui à la coupe de la
rouche.

Or, 4,689 journées, à 1 fr. 50 c. seulement, représentent une
valeur de 7,053 fr. 50 c.

Les soins à donner aux foins pour leur dessication fourniront
une nouvelle source de travail pour les femmes et les enfans qui
ne peuvent pas se livrer aux rudes travaux du marais. A 10 fr.
seulement par hectare, ce travail représenterait, à lui seul, pour
1,500 hectares, une main-d'œuvre dont la valeur serait de
15,000 fr.

L'augmentation du nombre des bestiaux, la perfection des
labours, l'accroissement des engrais, qui en seront la suite,
nécessiteront l'emploi d'un plus grand nombre de bras pour les
soins à donner aux premiers, pour la récolte et le battage des
grains que nos champs produiront en plus.

Nos 200 ouvriers et leurs familles prendront aussi leur part
dans cet accroissement de main-d'œuvre. En évaluant cette
part à 50 fr. seulement, par famille, le desséchement leur pro-

13

curerait donc une masse de travail dont la valeur serait de 10,000 fr.

Enfin le parcours, à lui seul, leur offrira une large source d'indemnité.

Le parcours de nos bonnes prairies, c'est la richesse du pauvre. C'est grâce à lui que, sur les bords de la Charente, tant de familles, presque indigentes, trouvent le moyen d'entretenir quelques têtes de gros bétail, et de se soustraire ainsi à la rude servitude que leur impose la nécessité d'emprunter les moyens d'exploitation du riche qui leur en fait payer l'usage si cher. Elles ont ainsi deux choses de première nécessité : des fumiers, et des forces disponibles pour le labour de leurs terres.

Or, si nos marais sont desséchés, nos 200 ouvriers pourront donc nourrir quelques bestiaux qui leur donneront du fumier, du travail et des bénéfices sur le croît. Si nous admettons que le nombre de ces bestiaux soit de 200 seulement, et que nous prenions pour base de nos calculs les chiffres que j'ai déjà posés plus haut en évaluant les bénéfices que le desséchement donnerait pour les terrains de la troisième classe syndicale, nous arriverons aux résultats suivans :

1° Bénéfice sur le croît. . . . . . . . . . . . 5,000 fr.
2°. 5,000 journées de travail, à 1 fr. 25 c. . . . 6,250 fr.
3° 120 hectolitres de blé en plus, à 18 fr. l'hect. 2,160 fr.

TOTAL. . . . . 13,410 fr.

En additionnant toutes les sommes que j'ai posées plus haut, nous trouvons donc que le desséchement peut donner aux ouvriers qui s'occupent aujourd'hui de l'exploitation des marais à rouche, un masse de travail dont la valeur est, au minimum, de 17,035 fr. 50 c.; et, par le parcours seul, les moyens de réaliser des bénéfices dont le chiffre est, à peu de chose près, égal à la somme de 14,062 fr. 50 c. que leur procure le travail des marais.

Leur position sera donc considérablement améliorée par cette opération, dont ils ne redoutent les suites que parce qu'ils ne les ont pas appréciées à leur véritable point de vue.

Mais il y a mieux : c'est que ces ouvriers possèdent aussi des marais. Ils ont gardé, à peu d'exceptions près, ceux que les partages des communaux effectués en 1793 ont placés entre leurs mains. On peut se convaincre de ce fait en jetant les yeux sur les nombreuses parcelles qui figurent sur les plans du cadastre. Les riches ne leur ont pas envié ces propriétés, dont la valeur était si minime, et l'exploitation si difficile. Elles sont restées le lot du pauvre; et par un effet de la Providence, elles deviendront, je l'espère, leur plus précieuse ressource.

Les pauvres, comme les riches, gagneront donc à nos travaux. Ils contribueront à leur procurer les deux seuls biens qu'ils doivent désirer sur cette terre : la santé et du travail.

Maintenant, je sais qu'il sera difficile de faire pénétrer ces idées dans l'esprit de nos ouvriers. Ces rudes travaux, cette vie isolée au milieu des roseaux, plaisent à beaucoup d'entre eux. Ils joignent souvent à leur industrie celle de la pêche et de la chasse dont l'attrait est si puissant. Quelques-uns vivent constamment dans le marais. Ils habitent des huttes couvertes de roseaux. Je puis citer parmi ces solitaires un homme dont la famille est domiciliée à Colombiers, et qui, depuis plus de vingt ans, n'a pas passé une seule nuit hors de sa cabane. Les hivers les plus rigoureux, les inondations les plus fortes n'ont pas pu l'en chasser.

On comprend qu'il est assez difficile de convaincre des hommes de cette trempe, et que tous les raisonnemens du monde
viendront échouer devant des goûts, des habitudes, des passions
mêmes que le temps a enracinés. Aussi, si j'ai fait tant de chiffres,
si j'ai exposé, avec tant de détail, des faits inconnus pour beaucoup de personnes, ce n'était guère pour faire naître dans
l'esprit de ces hommes une conviction qu'ils ne partageront peut-
être jamais. Mais c'était pour faire connaître l'origine et les causes
de quelques objections qui paraissent sérieuses au premier abord,
mais qu'un examen attentif détruit, et surtout pour justifier aux
yeux des hommes éclairés et moraux que notre entreprise sera utile
à cette classe de la société comme aux grands propriétaires, et
qu'elle est du nombre de celles qui produisent ce double effet
d'augmenter la masse des produits sans diminuer celle du salaire.

Telles sont les solutions que je puis donner aux objections
sérieuses que notre projet a soulevées.

Il en est d'autres qui ont pour but des évaluations exagérées
du produit de nos marais à rouche, évaluations dont l'inexacti-
tude est démontrée à l'instant même par les variations qui existent dans la valeur de ces produits, et par le taux du prix de
vente de ces terrains.

Quelques-unes sont inspirées par le désir secret de profiter de
notre misère en nous vendant fort cher les produits des terrains
plus favorisés que les nôtres.

Sur quelques points, à Courcoury par exemple, où on trouve
au moins un hectare de prairie pour un hectare de terre labou-
rable, ce sentiment domine dans la partie de la population qui
habite le Nord de l'île et qui a devant elle les belles prairies de
la Charente, tandis que le desséchement est vivement réclamé
par la population qui se trouve au Sud, sur le bord du marais.

En un mot , ici comme ailleurs , les objections trouvent leur source dans ces passions aveugles ou dans ces intérêts égoïstes qui surgissent toujours en face des entreprises du genre de la nôtre , et dont les noms des Reverseau, des Lilleferme , et des Leterme, rappellent si vivement le souvenir. Mais j'espère qu'elles resteront sans force en présence des intérêts vrais et puissans qui réclament le desséchement.

RÉSUMÉ.

En me résumant sur les divers points que j'ai examinés dans le troisième paragraphe , je regarde comme démontré :

1° Que l'état des prairies de la première et de la deuxième classe syndicale , sera considérablement amélioré par les travaux de desséchement.

2° Que le sol de nos marais, soit à couche supérieure terreuse , soit à superficie tourbeuse , peut produire des plantes fourragères.

3° Que les bénéfices que le desséchement procurera directement aux propriétaires des terrains syndiqués, et sans tenir compte des bénéfices accessoires que la plantation des berges des écours peut leur donner, seront :

Pour la première classe, de 400 fr. par hectare , soit pour 350 hectares, de. . . . . . . . . . . . . . . . 140,000 fr.

Pour la deuxième classe, de 800 fr. par hectare, ou pour 350 hectares, de. . . . . . . 280,000 fr.

Pour la troisième classe, de 1,200 fr. au minimum, par hectare, soit pour 1,500 hectares de. 1,800,000 fr.

TOTAL. . . . 2,220,000 fr.

Chiffre bien supérieur à la dépense.

4° Que nos travaux rendront l'air plus salubre.

Je regarde également comme démontré :

1° Que le desséchement n'amènera pas une baisse sensible, ou du moins continue, dans la valeur des coupes des prairies, qui avoisinent le bassin marécageux, qu'il ne nuira en rien à celles qui en occupent les points culminans et la lisière extérieure.

2° Que le combustible que fournit la rouche peut être remplacé, dans un temps donné, par un combustible d'une qualité supérieure ; que, dans tous les cas, les avantages que le desséchement procurera aux riverains de la basse Seugne, les indemniserait largement de l'excédant de dépenses que la disparition de la rouche peut leur occasionner momentanément.

3° Que l'effet du desséchement sera d'augmenter la masse du travail, et d'améliorer la position des riverains en rendant leurs chances de pertes moins nombreuses.

Le desséchement aura donc pour résultats d'accroître la richesse publique, de donner une vie nouvelle à notre agriculture, et, lui procurant de nouveaux et puissans moyens d'exploitation, d'assainir le pays, et d'enlever à des travaux insalubres les populations riveraines.

C'était pour obtenir des résultats semblables que Henri IV appela Bradley en France. Il savait que l'agriculture est la source de la richesse de l'État, et que le moyen le plus sûr d'accroître ses forces productives consiste à augmenter le nombre des prairies. Nous trouvons à chaque pas, dans ce département, la démonstration matérielle de la sagesse des vues de ce grand Roi. Aujourd'hui, sur presque tous les points, les anciennes plages marécageuses de la Saintonge et de l'Aunis, sont couvertes d'immenses troupeaux et de riches cultures.

Espérons , Messieurs , que le Gouvernement appréciera notre
entreprise au même point de vue , et qu'il nous prêtera l'appui
et la force nécessaires pour la conduire à bonne fin.

Je passe à l'examen des moyens à employer pour atteindre le
but que nous nous proposons.

## § IV.

### QUELS SONT LES MOYENS A EMPLOYER AU POINT DE VUE ADMINISTRATIF ET FINANCIER , POUR EFFECTUER LE DESSÉCHEMENT ?

Les desséchemens opérés jusqu'à ce jour , en France , et par-
ticulièrement dans ce département , ont été faits :

Par le Gouvernement ;

Par des grands propriétaires agissant seuls , ou comme chefs
d'une association syndicale ;

Par des concessionnaires.

Les travaux du Gouvernement ont été déterminés , en général,
par le besoin d'assainir les environs de certaines places de guerre ;

Ceux des grands propriétaires , par le désir d'augmenter la
valeur des terrains qu'ils possédaient ;

Ceux des concessionnaires , par l'espérance de faire une spéculation avantageuse.

Les travaux de M. de Reverseau dans le bassin de Brouage ,
continués depuis par M. Leterme , quelques-uns de ceux des
environs de Rochefort , et , en dernier lieu , de Pont-l'Abbé ,
appartiennent à la première catégorie.

Les dessèchemens de Marans , de Saint-Ciers-la-Lande , de Saint-Bonnet, de Saint-Thomas-de-Conac, de Merpins, d'Arvert, qui sont dus aux d'Aligre , aux Lamoignon , aux Richelieu , et aux seigneurs d'Ars et d'Arvert , doivent être rangés dans la seconde.

Ceux qui ont été effectués dans les bassins de la Sèvre , de la Vendée , etc. , par Bradley , ou les entrepreneurs qui ont continué son œuvre , appartiennent à la troisième.

Ainsi, une nécessité militaire et sanitaire , tout-à-la-fois , ou un intérêt puissant , tels ont été les motifs déterminans de ces grandes entreprises.

Or, la question militaire est étrangère à notre dessèchement. Elle ne s'y rattacherait que dans le cas où on ferait coïncider cette opération avec la construction de la ligne de navigation artificielle destinée à unir le bassin de la Charente à celui de la Gironde ; et encore , dans ce cas , ces deux opérations peuvent marcher indépendamment l'une de l'autre. A ce point de vue , le Gouvernement n'a donc aucun intérêt direct à faire le dessèchement.

L'intérêt manque également , si nous considérons l'Etat au point de vue restreint du trésor ; et cela par une raison toute simple ; c'est que les bénéfices ne seraient , pour lui , ni immédiats, ni directs. D'une part , l'impôt des terrains desséchés ne peut être augmenté que vingt ans après la terminaison des travaux , et ensuite , cette augmentation , quand elle a lieu , ne peut produire aucun accroissement de ressources pour le trésor, tant que les contingens des départemens restent les mêmes. Elle profite uniquement aux autres communes de l'arrondissement dont le contingent peut être diminué d'autant. Il faudrait , pour produire un effet contraire , que l'on refondît , après chaque opération du genre de la nôtre, les bases de la répartition générale de l'impôt : cela est évidemment impraticable.

Quant à des grands propriétaires, ils manquent parmi nous. Trois seulement possèdent, ensemble, environ cinquante hectares de marais. Leurs bénéfices, calculés suivant les bases que j'ai posées plus haut, pourraient donc s'élever à 60,000 fr. Cet intérêt est trop minime pour les déterminer à mettre la main à l'œuvre. Ils l'ont déclaré hautement.

Nous tombons donc forcément dans le système de la concession.

Or, ce système, imposé par la nécessité, dans l'origine, a été, depuis, presque constamment repoussé par les propriétaires mieux éclairés sur leurs vrais intérêts. La déclaration Royale du 20 juillet 1643, et la loi du 16 septembre 1807, se sont rendues protectrices de ces intérêts en n'admettant le concours des concessionnaires qu'après la mise en demeure des propriétaires, et sur leurs refus d'exécuter les travaux.

Cette répugnance n'a rien d'étonnant.

Les édits de Henri IV attribuaient à Bradley, en toute propriété, *la juste moitié* des terrains qu'il desséchait. En 1642, Fiette exigeait l'abandon de 2/3 de nos marais, et il ne se chargeait que de la confection des lignes principales de canaux. En 1656, Massonneau et Thévenin obtinrent, aux mêmes conditions, la concession du desséchement d'Archingeay.

Or, aujourd'hui, nous en sommes, à peu de chose près, au point où on en était sous Henri IV, et en 1656. Les ordonnances Royales de concession accordent, en général, aux entrepreneurs, des avantages équivalens, en leur abandonnant les 3/5, et souvent les 4/5 des bénéfices, et il est difficile qu'il en soit autrement car ces sortes d'opérations, qui présentent déjà tant de difficultés quand ce sont les propriétaires eux-mêmes qui le font, en offrent bien davantage pour des concessionnaires qui ont à lutter contre une population tout entière, qui repousse l'opération, puisqu'elle a refusé déjà de la faire par elle-même. Aussi ces derniers ne se décident-ils à courir ces chances hasardeuses qu'en vue de grands bénéfices.

En admettant que notre desséchement soit confié à des concessionnaires, aux conditions les plus avantageuses pour nous, c'est-à-dire aux 3/5 de la plus-value, examinons quelle serait, dans cette hypothèse, la position des propriétaires :

Lorsqu'une concession a lieu, les terrains sont divisés par classes, suivant les degrés de submersion. Ce travail une fois fait, la valeur des marais est déterminée par des experts, sur l'examen de types particuliers puis dans chaque classe.

Après la terminaison des travaux, une nouvelle estimation a lieu.

Le chiffre de la plus-value consiste dans la différence qui existe entre ces deux estimations.

Les rôles sont alors dressés. Ils indiquent la part afférente au concessionnaire, suivant les bases établies par l'ordonnance de concession. Ils sont rendus exécutoires contre les propriétaires par un arrêté du Préfet.

Ceux-ci peuvent se libérer de trois manières :

1° En soldant le concessionnaire en argent ;

2° En lui abandonnant du terrain jusqu'à concurrence de sa part dans la plus-value ;

3° En lui constituant une rente perpétuelle, à raison de 4 pour 0/0, assise sur le sol, par privilège, mais remboursable, à volonté, par *dixième*, et à raison de 25 capitaux pour un.

Lorsque les travaux doivent durer plus de trois ans, et c'est ici le cas, les concessionnaires obtiennent d'ordinaire, et conformément aux dispositions de l'article 16 de la loi du 16 septembre 1807, que les propriétaires soient contraints de verser entre leurs mains, en numéraire, et au fur et à mesure de l'avancement des travaux, une quotité déterminée de leur part dans les bénéfices.

Il est probable que les concessionnaires qui se chargeraient de notre dessèchement obtiendraient cet avantage. Cependant je n'en tiendrai pas compte dans les calculs qui vont suivre.

Examinons maintenant la position des propriétaires et celle des concessionnaires dans les trois hypothèses que je viens d'indiquer.

Si les propriétaires payaient le concessionnaire en argent, celui-ci recevrait par hectare :

Pour la 1re classe, 240 fr., soit, pour 350 hectares. . . . . . . . . . . . . . . . . . . . 84,000

Pour la 2e, 480 fr., soit, pour 350 hectares. . . 168,000

Pour la 3e, 720 fr., soit, pour 150 hectares. . . 1,080,000

TOTAL . . . . . . . . 1,332,000

Leur dépense étant calculée, au maximum, et en nombres ronds, pour avances de fonds, pertes d'intérêts, etc., à. . . . . . . . . . . . . 600,000

Leur bénéfice net serait de. . . . . 752,000

Il resterait entre les mains des propriétaires, en valeurs :

Pour la 1re classe . . . . . . . . . 56,000

Pour la 2e — . . . . . . . . . 112,000

Pour la 3e — . . . . . . . . . 720,000

TOTAL. . . . . . . 888,000

Dans le cas où les propriétaires préféreraient céder des terrains aux concessionnaires, la position de ces derniers serait, à peu de choses près, la même, car ils trouveraient facilement à vendre les parcelles qui leur auraient été abandonnées.

Cette position deviendrait moins avantageuse, si les propriétaires se décidaient à constituer une rente perpétuelle à 4 p. 0/0 ; mais, même dans cette hypothèse, les concessionnaires, en vendant leurs rentes avec perte d'un tiers sur le capital, réaliseraient un bénéfice de près de 300,000 fr.

Maintenant, je dois dire que, selon toute probabilité, les riverains de la Seugne n'adopteront qu'à regret ce dernier mode de paiement. J'en ai pour garant la répugnance qu'ils manifestent pour le service des rentes foncières qui grèvent les terres qu'ils possèdent, et leur empressement à les amortir dès que leurs ressources pécuniaires le leur permettent. Ce qui les arrête bien souvent, c'est la condition que leur impose le propriétaire de la rente, de solder le capital en entier et en un seul paiement. Si ces capitaux étaient divisibles, il n'existerait pas une seule rente foncière dans nos contrées. Or, cette divisibilité dans le solde du capital de la rente se rencontre dans le cas d'un desséchement. La loi de 1807 est formelle sur ce point.

Je crois donc pouvoir affirmer que tous nos co-intéressés, ou, tout au moins, l'immense majorité parmi eux, useront du bénéfice que leur accorde cette loi, et rembourseront, par dixième, et dans l'espace de dix années, le capital de la rente représentant la part dans la plus-value afférente au concessionnaire.

Dans cette hypothèse, la position des propriétaires, au bout de dix années, et par hectare, s'établit par les chiffres suivans :

## 1ʳᵉ CLASSE.

### RECETTE.

Capital représentant la plus-value. . . . . . . 400 00
Jouissance de l'accroissement du revenu, ou intérêt
de la plus-value pendant dix ans. . . . . . . 200 00

TOTAL de la recette. . . . 600 00

### DÉPENSE.

Solde, par dixième, du capital de 240 fr. formant ⎫
la part du concessionnaire dans la plus-value. 250 00 ⎬ 292 80
Intérêts décroissans de cette somme, à ⎮
4 p. %. . . . . . . . . . . . 52 80 ⎭

BALANCE au profit du propriétaire, 307 20

## 2ᵉ CLASSE.

### RECETTE.

Plus-value. . . . . . . . . . . 800 00
Intérêts à 5 p. % pendant dix ans. . . 400 00

TOTAL de la recette. . . 1,200 00

### DÉPENSE.

Solde, par dixième, du capital de 480 fr., formant ⎫
la part du concessionnaire dans la plus-value. 480 00 ⎬ 585 60
Intérêts décroissans à 4 p. %. . . . 105 60 ⎭

BALANCE. . . . . . . 614 40

### 3ᵉ CLASSE.

RECETTE.

Plus-value. . . . . . . . . . 1,200 00
Intérêts, pendant dix ans, à 5 p. °/₀. . . 600 00

TOTAL. . . . . . 1,800 00

DÉPENSE.

Solde, par dixième, du capital de 720 fr. formant ⎫
la part des concessionnaires. . . . . . 720 00 ⎬ 878 40
Intérêts décroissans, à 4 p. °/₀. . . . 158 40 ⎭

BALANCE. . . . . . 921 60

En chiffres généraux, pendant l'espace de ces dix années, les propriétaires auraient donc fait, recette :

Pour la 1ʳᵉ classe, de. . . . . . 210,000
Pour la 2ᵉ — de. . . . . . 420,000
Pour la 3ᵉ — de. . . . . . 2,700,000

TOTAL. . . . . . 3,330,000

Et dépense,
Pour la 1ʳᵉ classe, de. . . . . . 102,480
Pour la 2ᵉ — de. . . . . . 204,960
Pour la 3ᵉ — de. . . . . . 1,382,400

TOTAL. . . . . 1,689,840
La balance, à leur profit, serait donc de. . . 1,640,160

Quant aux concessionnaires, leur bénéfice serait encore, dans cette hypothèse, la moins favorable pour eux, de plus de 600,000

Évidemment, ce bénéfice est pris dans la bourse des propriétaires.

Est-il un moyen d'écarter ou de diminuer considérablement les sacrifices que le système que je viens d'exposer , impose aux propriétaires ? Je le crois.

Ce que j'ai déjà dit au sujet des desséchemens entrepris et conduits à bonne fin par les grands propriétaires, a dû faire pressentir en quoi consiste ce moyen.

Toute grande entreprise repose inévitablement sur un grand intérêt. C'est à cette condition seule que la persévérance dans l'œuvre et le succès , par suite , sont assurés. Le zèle , l'amour du bien public , l'enthousiasme, si l'on veut , suffisent bien pour donner le premier élan , mais ils s'usent vite en face des obstacles et des dégoûts sans nombre qui se présentent dans l'exécution. Et , chose singulière , les masses ont peu de foi dans ces hommes dont l'action ne paraît pas avec d'autres mobiles que ces nobles sentimens. C'est avec une sorte de curiosité indifférente , pleine de doute , au moins , et souvent d'incrédulité , qu'elles suivent leur marche et considèrent leurs efforts. Or , ce qu'il faut aux hommes d'enthousiasme et de généreux dévoûment, ce sont des sympathies vives , ardentes , qui les soutiennent jusqu'au bout de la carrière. On les trouve, ces sympathies , dans les questions qui mettent en jeu les passions ou les intérêts politiques ; mais quand il s'agit d'entreprises purement matérielles , lorsqu'il s'agit surtout de demander des sacrifices pécuniaires et de donner , en échange , des espérances dont la réalisation peut paraître incertaine , et qui , dans tous les cas , est toujours éloignée , l'enthousiasme manque d'aliment. Alors ces hommes s'arrêtent avant que leurs travaux ne soient terminés , et ils regrettent bien souvent d'avoir consacré à une œuvre inachevée , leur temps , leur intelligence et souvent leur fortune.

C'est là l'histoire de presque tous les hommes qui se sont occupés de ces grandes entreprises , sans y avoir été attachés par un grand intérêt. Presque tous ont vu leur courage et leurs forces les abandonner avant d'avoir atteint le but. Je pourrais citer bien des noms pour prouver ce que j'avance. Je me borne à celui de M. de Lilleferme , l'ancien directeur de l'association de 1755. J'ai eu sous les yeux quelques-uns des fragmens de sa correspondance intime, et j'ai pu voir tout ce qu'il y avait d'amertume et d'angoisses dans le cœur de cet homme si ardent pour le bien public , si dévoué aux intérêts de ses concitoyens, et dont le dévoûment a été si mal récompensé.

Si nous ne trouvons donc pas parmi nous un intérêt , déjà existant, assez puissant pour donner à un de nos co-propriétaires la force et la persévérance nécessaire pour conduire notre entreprise à bonne fin , je ne vois qu'un parti à prendre , c'est de créer cet intérêt.

Or , cela est facile :

Il s'agit tout simplement de choisir parmi les intéressés au desséchement , un homme qui offre les conditions nécessaires pour accomplir cette tâche , et de l'attacher à l'opération en lui donnant une part dans les bénéficés.

Cela est moral , équitable , conforme à cette loi sainte qui a toujours placé la rémunération à côté du travail. Cela est légal aussi. L'administration supérieure consultée à ce sujet l'a déclaré.

Il existe, au surplus, des précédens sur ce point. Je puis citer, entre autres , le desséchement d'Arvert , où les intéressés abandonnèrent , en toute propriété , au sieur Sauvaget, directeur de l'opération , 150 hectares de marais convertis en prairies.

Quant au mode d'exécution, il est de la plus grande simplicité :

Le morcellement excessif de nos marais ne nous permettait pas de suivre l'exemple des propriétaires d'Arvert.

D'un autre côté, la loi de 1807 ne nous semblait pas applicable à ce cas particulier, quant à l'attribution au directeur-gérant d'une quotité déterminée dans la plus-value.

Il n'y avait donc que deux partis à prendre :

Ou donner l'entreprise à forfait au directeur-gérant, qui eût exécuté les travaux suivant les bases arrêtées par des plans, devis et cahiers des charges approuvés par une ordonnance royale ;

Ou lui allouer, pendant la durée de l'opération, des appointemens et frais de bureau ; et, après la terminaison des travaux, des centimes additionnels au chiffre de la dépense totale, et dont la quotité serait déterminée, à l'avance, entre le directeur et la commission syndicale, sous l'approbation de l'administration supérieure, à raison de *tant* par are de superficie, en suivant, dans la répartition et la perception, les bases établies pour l'assiette de la cotisation générale. Du reste, le gérant n'aurait droit à ces centimes qu'au fur et à mesure de l'avancement des travaux.

On pourrait, pour simplifier davantage, prélever sur l'emprùnt dont je parlerai plus tard, une somme fixe qui serait allouée au directeur et que les propriétaires rembourseraient aux bailleurs de fonds, suivant le mode qui sera employé pour le remboursement du principal.

De cette manière, les propriétaires conserveraient la totalité de leurs bénéfices, sauf la part qu'ils abandonneraient au directeur-gérant, ce dernier serait lié à l'opération. Elle deviendrait la sienne propre. On n'aurait à craindre de sa part, ni dégoût, ni froideur, car sa récompense serait au bout de la carrière et il devrait l'avoir atteint avant de la recevoir.

14

Du reste , ce directeur serait dans la position d'un administrateur ordinaire , et assujetti à toutes les règles qui régissent les
actes de l'administration , soit syndicale , soit communale. Les
fonds resteraient comme d'usage entre les mains des percepteurs
et du caissier central, et nulle dépense ne pourrait être faite sans
le vote de la commission syndicale , l'approbation du Préfet , et
dans les limites tracées par le plan de desséchement et l'ordonnance royale qui aurait autorisé les travaux.

Je crois que, par là , le problème serait complètement résolu.
Je crois aussi que ce précédent aurait des imitateurs sur tous les
points où le morcellement du sol amène la même division dans
les intérêts , et paralyse , par suite , toute action.

Voici , maintenant , selon moi , comment l'opération devrait
être conduite dans l'hypothèse de la gérance.

Je ne voudrais pas , dès le début , et avant d'avoir commencé
les travaux , faire un appel à la bourse des propriétaires , si ce
n'est cependant pour solder les frais faits jusqu'à ce jour, qui,
du reste , sont fort minimes. Je connais tous les inconvéniens
qu'entrainent les demandes d'argent avant l'œuvre. Ces inconvéniens seraient plus grands dans notre syndicat que partout ailleurs , à cause du morcellement excessif du sol et de la position
sociale de plusieurs des intéressés.

Ainsi , rendre les charges aussi légères que possible , en les
divisant , ne demander d'argent qu'après la confection des travaux , et cependant , aviser aux moyens de solder les entrepreneurs , tel était le problème qui se présentait à résoudre.

Après y avoir sérieusement réfléchi , je n'ai trouvé qu'un seul
moyen pour satisfaire à ces trois conditions : c'est de faire contracter un emprunt par le syndicat.

Je me suis adressé à cet effet à M. le Directeur-général de la caisse des dépôts et consignations. Par sa lettre du 13 octobre dernier, il m'a annoncé que la caisse pourrait consentir à nous faire l'avance des fonds nécessaires pour le solde des travaux, mais sous la condition qu'une ordonnance royale autoriserait le syndicat à contracter l'emprunt. Les versemens de fonds seraient effectués entre les mains du caissier central, au fur et à mesure des besoins, et le remboursement s'opérerait divisément, dans un espace de dix ou douze années, selon la volonté des emprunteurs, mais à charge de payer l'intérêt à 4 1/2 p. 0/0.

Il eût été possible peut-être d'adopter un système mixte qui aurait consisté à établir une cotisation dont le produit aurait été consacré, chaque année, et concurremment avec les fonds de l'emprunt, au solde des travaux, et ceux-ci une fois terminés, au remboursement de ce même emprunt.

Mais après avoir fait à ce sujet des chiffres que chacun peut renouveler, et qu'il est inutile, dès lors, d'établir ici, j'ai reconnu que ce système ne présentait pas d'avantages sensibles au point de vue financier, et qu'il aurait pour résultat d'amener, à un degré moindre il est vrai, mais d'amener cependant, d'une manière inévitable, les inconvéniens que j'ai signalés plus haut et que j'ai voulu éviter.

Il est, au surplus, un moyen de rendre encore les charges plus légères et les avantages plus évidens : c'est d'imposer aux entrepreneurs de nos travaux la condition d'attendre un an, après leur terminaison, avant d'en recevoir le prix. Leur position avec les départemens et les communes est ordinairement plus mauvaise. Cette condition n'influera donc en rien sur le taux des adjudications. Mais les propriétaires, ne devant rembourser le premier dixième de l'emprunt qu'un an après son versement, auraient le grand avantage de jouir des résultats du desséchement pendant près de deux années sans être assujettis à aucune cotisation.

Nous aurions donc ainsi les ressources nécessaires pour solder le prix de nos travaux, et pour donner à notre marche la force et la régularité qui, seules, peuvent nous faire vaincre les obstacles que nous rencontrerons dans l'exécution.

Il n'est pas douteux que si l'association de 1753 avait eu à sa disposition, dès l'origine, un moyen d'action aussi puissant, les travaux qu'elle avait entrepris auraient été effectués dans leur ensemble, et que, depuis près d'un siècle, nous aurions joui de leurs résultats.

J'ai donné les chiffres qui établissent la position des propriétaires dans le cas de la concession, et en admettant que le remboursement du capital dû aux concessionnaires fût effectué divisément, et dans un espace de dix années.

Je vais indiquer maintenant ceux qui représentent cette position dans le cas de la gérance, et dans les mêmes conditions de temps et de division du paiement.

## 1re CLASSE.

### RECETTE (par hectare.)

| | |
|---|---|
| Plus-value. . . . . . . . . . | 400 00 |
| Intérêts, ou jouissance, pendant 10 ans, à | |
| 5 p. %. . . . . . . . . . | 200 00 |
| TOTAL. . . . . | 600 00 |

*Report de la recette.* . . . . . 600 00

DÉPENSE.

Solde , par dixième , de la somme de 80 francs ,
formant le montant, par hectare, de la cotisation de
cette classe. . . . . . . . . . . 80 00 } 99 80
  Intérêts décroissans , à 4 1/2 pour cent ,
payés à la caisse des dépôts et consignations  19 80

.BALANCE au profit des propriétaires. .  500 20

### 2e CLASSE.

RECETTE.

Plus-value. . . . . . . . . . .  800 00
Intérêts, ou jouissance du revenu , pendant
10 ans.. . . . . . . . . . .  400 00

TOTAL. . . . . 1,200 00

DÉPENSE.

Solde, par dixième, de la somme de 160 francs,
montant de la cotisation pour cette classe. 160 00 } 199 60
'Intérêts décroissans.. . . . . . 39 60

BALANCE.. . . . 1,000 40

### 3e CLASSE.

RECETTE.

Plus-value. . . . . . . . . . 1,200 00
Jouissance du revenu pendant 10 ans. . 600 00

TOTAL. . . . . 1,800 00

*Report de la recette.* . . . 1,800 00

Solde, par dixième, de la somme de 240 francs , ⎫
montant de la cotisation pour cette classe. 240 00 ⎬ 299 40
Intérêts décroissans . . . . . . 59 40 ⎭

BALANCE.. . . . . 1,500 60

Maintenant , en chiffres généraux encore , les propriétaires
auraient donc fait recette pendant ces dix années :

Pour la 1ʳᵉ classe , de. . . . . . 210,000 00
Pour la 2ᵉ — . de. . . . . . 420,000 00
Pour la 3ᵉ — de. . . . . 2,700,000 00

TOTAL. . . . 3,330,000 00

Et dépense ,

Pour la 1ʳᵉ classe , de. . . . . . 34,930 00
Pour la 2ᵉ — de. . . . . 69,860 00
Pour la 3ᵉ — de . . . . . 449,100 00

TOTAL. . . . 553,890 00

Au bout de ces dix années , ils auraient donc entre mains
une valeur de **2,776,110** fr.

Tandis que , dans l'hypothèse la plus favorable pour eux, celle
du remboursement, par dixième, de la part des concessionnaires
dans la plus-value , la concession ne leur laisse entre mains , à
la même époque , qu'une somme totale de 1,640,160 fr.

La gérance leur ferait donc gagner une somme de 1,135,950 f.

Il suffit , pour rendre ces résultats encore plus sensibles , de
mettre en parallèle la position du propriétaire d'un hectare de
terrain , dans l'une et dans l'autre hypothèse.

Je le fais dans le tableau suivant :

*État comparé, par hectare, de la position financière des pro-
priétaires des marais de la Seugne, au commencement et à
la fin d'une période de dix années.*

| AVEC LE SYSTÈME DE LA CONCESSION. | | | AVEC LE SYSTÈME DE LA GÉRANCE. | | |
|---|---|---|---|---|---|
| AUGMEN- TATION du Revenu par Classe. | MONTANT des Sommes payées aux concession- naires en capital et intérêts. | BALANCE en perte. | AUGMEN- TATION du Revenu par Classe. | MONTANT des Sommes payées à la Caisse des dépôts et consignations. | BALANCE en bénéfice. |
| PREMIÈRE CLASSE. | | | | | |
| 20 fr. { | 33 60 | 13 60 | 20 fr. { | 11 60 | 8 40 |
|  | 24 96 | 4 96 |  | 8 36 | 11 64 |
| DEUXIÈME CLASSE. | | | | | |
| 40 fr. { | 67 20 | 27 20 | 40 fr. { | 23 20 | 16 80 |
|  | 49 92 | 9 92 |  | 16 72 | 23 28 |
| TROISIÈME CLASSE. | | | | | |
| 60 fr. { | 100 80 | 40 80 | 60 fr. { | 34 80 | 25 20 |
|  | 74 88 | 14 88 |  | 25 08 | 34 92 |

C'est en comparant entre eux, ces chiffres, et ceux que j'ai
posés plus haut, que l'on reconnaît les avantages que le système
de la gérance offre aux propriétaires. Ici, dès la première année,
il existe entre le chiffre du revenu en plus, qui sera le produit des

travaux de desséchement, et celui de la dépense, une balance à leur profit, dont le taux va constamment en augmentant jusqu'à la fin de la période de dix années.

Avec le système de la concession, il en est autrement. Dès la première année, le taux de l'accroissement du revenu est inférieur à celui de la dépense, la balance a lieu en perte, et les propriétaires sont contraints d'aliéner, tous les ans, une portion de leur capital.

Si, maintenant, le concession était faite aux 4/5 de la plus-value, et cela est très-possible, les propriétaires verseraient, en dix ans, entre les mains des concessionnaires, la somme énorme de . . . . . . . . . . . . . . . . . . . 2,156,820 fr. et leur perte s'élèverait à . . . . . . . . . . 1,602,930 fr.

On peut, du reste, résumer toute cette longue série de chiffres et de raisonnemens, en disant :

Dans l'hypothèse de la concession, le propriétaire verse entre les mains du concessionnaire,

1° Le prix des travaux;

2° Une forte part dans les bénéfices.

Dans le système de la gérance, il paie le prix des travaux et il garde les bénéfices pour lui, sauf la part qui sera concédée au gérant.

C'est là un immense avantage.

Son évidence est telle, que je n'insisterai pas plus longtemps sur ce point.

Vous connaissez actuellement, Messieurs, la différence qui existe entre ces deux modes particuliers pour arriver au but que nous désirons atteindre. Vous pourrez faire un choix en pleine connaissance de cause, et vous me saurez quelque gré, peut-être, de vous avoir empêchés, lors de votre dernière réunion, d'adopter le mode par concession, dont, évidemment, vous n'aviez pas apprécié les inconvéniens.


CONCLUSION.


J'ai dit les faits anciens qui se rattachent à l'histoire de nos marais.

J'ai dit aussi quel est leur état actuel, et les causes de leur détérioration.

J'ai démontré, je le crois du moins, la possibilité du dessé-chement.

J'ai démontré également que cette opération serait avantageuse au point de vue agricole, financier et sanitaire.

J'ai enfin indiqué les modes divers que l'on peut suivre pour l'exécution de nos projets.

Ma tâche est donc finie. Je crois l'avoir remplie avec conscience.

C'est à vous, maintenant, Messieurs, qu'il appartient de dé-cider de l'abandon ou de la poursuite de notre entreprise, et si nous devons, une seconde fois, reculer dans cette voie où l'association de 1753 s'était si courageusement engagée.

Si quelques doutes existaient encore dans vos esprits, permettez-moi de rappeler à votre souvenir ces paroles si remarquables de l'arrêt du 17 avril 1753 :

« Ce qui entraînerait bientôt la perte de ces fonds qui ont été
» autrefois considérés comme les meilleurs de la province. »

Permettez-moi de vous dire aussi :

Depuis plus de deux siècles, le desséchement de nos marais a
été l'une des idées dominantes des riverains de la Seugne. Cette
conviction intime, profonde, qui les a constamment poussés vers
cette entreprise, ne peut pas être le résultat d'une idée fausse.
Quelques individus peuvent se tromper. Ils peuvent mettre les
rêves de leur imagination à la place de la vérité. Ils peuvent
entraîner momentanément les masses qu'il ont fascinées. Mais je
n'admets pas que plusieurs générations puissent se transmettre
ainsi l'erreur ; et je dis qu'il faut que l'idée dont elles poursuivent
la réalisation, pendant des siècles, à travers les vicissitudes politiques, sans tenir compte des changemens de personnes, soit une
idée profondément vraie et qui se rattache à un intérêt puissant
et bien reconnu.

Maintenant, Messieurs, veuillez méditer sur les faits que je
viens d'avoir l'honneur de soumettre à vos réflexions, et lorsque
vous aurez pu vous former une idée nette et consciencieuse de
l'opération qui nous intéresse tous si vivement, je vous réunirai
afin que nous puissions prendre en commun une résolution définitive.

Pons, le 1er Juillet 1843.

Le Syndic-Directeur des Marais de la Seugne,

JULES DUMORISSON,

Membre du Conseil général de la Charente-Inférieure.

# APPENDICE.

## PIÈCES JUSTIFICATIVES.

*Extrait des Registres du Conseil d'Etat.*

LOUIS PAR LA GRACE DE DIEU ROY DE FRANCE ET DE NAVARRE, à tous présents et avenir salut, ayant fait voir en notre Conseil la requête à nous présentée par notre bien amé Henry d'Albret sieur de Pons, baron de Miossans, à ce qu'il nous plut de luy permettre de lever sur chacun batteau qui passera sur la rivière de Seugne, après qu'il l'aura rendue navigable à raison de soixante sols pour chacun tonneau de toutes sortes de denrées et marchandises qui est moins de deux tiers de ce qu'il coute aux marchands pour les transporter par charroy, si mieux il ne nous plaise luy accorder que luy seul ou ceux qu'il commettra pourront tenir des batteaux

sur lad. rivière pour la commodité des marchands avec défenses
à tous autres d'y en tenir sur peine de cinq cens livres d'amende et
de confiscation des batteaux et marchandises , l'information faite
en vertu de nos lettres pattentes du 17ᵉ juin 1623 par l'un des
trésoriers généraux de France à Limoges , sur les commodités ou
incommodités que pouvait apporter au public la rivière de Seugne,
si elle étoit rendue navigable jusquà la rivière de Charente , son
procès verbal sur ce, avec l'avis des trésoriers généraux de France
de lad. généralité de Limoges le tout y attaché sous le contrescel
de notre chancellerie , Nous, de l'avis de notre Conseil , suivant
l'arrêt d'iceluy dont l'extrait est aussy sous attaché sous le contrescel , avons permis et permettons par ces présentes aud. Henry
d'Albret, sieur de Pons, baron de Miossans, de rendre lad. rivière
de Seugne navigable à ses fraix et dépans depuis led. lieu de
Pons jusques à Saintes en dédomageant les particuliers intéressés
de leur gré et consentement , et tenir batteaux pour la commodité
des marchands et transport des marchandises , et avons fait et
faisons trés expresses inhibitions et défanses à tous autres de tenir
batteaux sur lad. rivière sans permission dud. sieur de Miossans ,
à peine de confiscation desd. batteaux et de trois cens livres
d'amende et de tous dépens domages et intérêts. Si donnons en
mandement au sénéchal de Saintonge ou son lieutenant que de
ces présentes nos lettres de permission concession et octroy , ils
fassent, souffrent, et laissent led. sieur de Pons et de Miossans, ses
hoirs , successeurs , et ayans cause , jouir et vser plainement et
paisiblement, cessant et faisant cesser tous troubles et empêchemens au contraire , car tel est notre plaisir , en témoin de quoy
nous avons fait mettre notre scel à ces présentes. Donné à Saint
Germain en l'Aye le douzième octobre, l'an de grace mil six cens
vingt quatre et de notre règne le 15ᵉ, et sur le reply, par le Roy ,

en son Conseil. *Signé* : de FLOCELLES ; et scellé du grand sceau de cire verte en lacqs de soye rouge et verte et a côté visa.

Collationné aux originaux par moy conseiller secrétaire du Roy de ses finances. *Signé* : LE COQ.

———◆◦◀———

## ARREST DU CONSEIL D'ÉTAT DU ROY,

### TENU POUR LES FINANCES.

Le Roi ayant été informé, etc. A quoi étant nécessaire de pourvoir. Vu l'avis du Sieur de Blair de Boisemon, Intendant et Commissaire départi en la Généralité de la Rochelle, du 12 Mars 1753. Ouï le rapport.

LE ROI ETANT EN SON CONSEIL a ordonné et ordonne qu'il sera incessament procédé à la démolition des pêcheries établies sur la Rivière de Seugne, ainsi qu'au nettoyement et recurement de ladite Riviere, et en conséquence, que par tel Ingénieur des Ponts et Chaussées ou Expert qui sera pris et nommé d'Office par le sieur Intendant et Commissaire départi en la Généralité de la Rochelle, il sera fait une visite exacte du cours de ladite Rivière, depuis la Ville de Pons jusqu'à la Charente, dont sera par ledit Ingenieur ou Expert, dressé Procès-Verbal : ensemble un état ou devis estimatif des démolitions des pêcheries, réparations et recurement à faire à ladite Rivière, même des ouvrages qui seront jugés nécessaires pour faciliter l'écoulement des eaux, pour être, sur ledit Procès-Verbal et devis estimatif, procédé à l'adjudication, au rabais, desdits Ouvrages, en exécution des ordres qui seront donnés par ledit sieur Intendant ; et les sommes qui devront être payées aux entrepreneurs, ensemble les six deniers pour livre, pour fraix de Collecte, imposées sur tous les propriétaires ou possesseurs desdites Prairies, et aussi sur les propriétaires des Moulins situés sur ladite Rivière, exempts ou non exempts, Nobles, Ecclésiastiques, privilégiés, à proportion de ce que chacun y possède, suivant les rolles qui seront dressés par les Collecteurs nommés d'Office, par ledit Sieur Intendant, et par lui ou son Subdélegué, sur les lieux vérifiés, et rendus exécutoires, nonobstant les défenses portées par les Commissaires des Tailles, d'imposer aucunes sommes que celles y contenuës, pour lesdites sommes employées, à la déduction de six deniers pour livre, au payement du prix de ladite adjudication, sur les Ordonnances dudit Sieur Intendant, auquel Sa Majesté a attribué et attribuë en tant que besoin est, ou seroit, la connoissance des oppositions qui pourroient être formées, tant à la démolition desdites pêcheries qu'à l'ouverture, continuation et perfection des Ouvrages nécessaires au recurement de ladite Rivière, ensemble de celles qui pourroient survenir à l'exécution desdits rolles, circonstances et dépendances, sauf l'appel au Conseil. Fait S. M. très-expresses défenses aux Parties de se pourvoir, pour raison du fait dont il s'agit, ailleurs que pardevant le Sieur Intendant, et par l'appel au Conseil, à peine de nullité, cassation de Procédure, mille livres d'amende, et de tous dépens dommages et intérêts ; et sera le présent Arrêt exécuté nonobstant opposition, recusation, prises à partie ou autres empêchemens, généralement quelconque, pour lesquels ne sera différé, et dont si aucuns interviennent, Sa Majesté s'en est et a son Conseil, réservé la connoissance, et icelle interdit à toutes ses Cours et autres Juges. FAIT au Conseil d'Etat du Roi, tenu pour les Finances à Versailles, le 17 Avril 1753.

*Signé :* DE COUGNY. Collationné.

------

*Extrait des registres du Conseil d'Etat.*

Sur la Requête présentée au Roi en son Conseil par Gabriël Regnaud des Augers, ancien Enseigne des Gardes du Corps de M. le Duc de Berry ; Louis Isle de Beauchesne, Prieur Curé de Champagnole ; Louis Desguiere, Seigneur de Savignac, et Jean-Baptiste Houdé, contenant que le 17 Avril 1753, SA MAJESTÉ rendit un Arrêt qui ordonne la démolition de différentes pêcheries, construites sur la Rivière de Seugne, afin de parvenir à l'écoulement des eaux qui innondent les prairies, entre la Ville de Pons en Saintonge et Charente.

A CES CAUSES, requeroient les Supplians, qu'il plût à Sa Majesté homologuer les Statuts redigés devant les Notaires de Pons en Saintonge, le 13 Juillet 1753. En conséquence, ordonner qu'ils seront exécutés suivant leur forme, et enjoindre au sieur Intendant et Commissaire départi en ladite Généralité, d'y tenir la main ; lui attribuer à cet effet la connoissance de tous les différens qui en pourroient naître, et faire pour leur exécution tout ce qu'il jugera nécessaire. Vû ladite requête signée Roussel , Avocat des Supplians, et les pièces jointes à ladite requête ; ensemble l'Arrêt du Conseil du 17. Avril 1753 ; La délibération des Propriétaires des prairies et marais situés sur ladite Rivière Seugne du 25. Novembre 1754, Ce projet de Statuts faits en conséquence le 22. Mars 1755, L'Ordonnance dudit sieur Intendant du 21. Avril ensuivant portant permission aux Supplians de faire rédiger lesdits Statuts pardevant Notaire , pour ensuite en obtenir l'homologation au Conseil, et les Statuts rédigés, conformément audit projet pardevant Barbot , Notaire Royal en la Ville de Pons en Saintonge , le 13 Juillet audit an 1755; Oüi le rapport du sieur Moreau de Sechelle , Conseiller d'Etat Ordinaire et au Conseil Royal, Controlleur Général des Finances ; LE ROI EN SON CONSEIL , ayant égard à la Requête , a homologué en tant que besoin est ou seroit, les Statuts rédigés pardevant Barbot, Notaire Royal en la Ville de Pons en Saintonge , le 13. Juillet 1755 , pour être exécutés selon leur forme et teneur. Enjoint Sa Majesté au sieur Intendant et Commissaire départi en la Généralité , de tenir la main à l'exécution desdits Statuts et du présent Arrêt; à l'effet de quoi Sa Majesté lui a attribué, et attribue toutes Cour , Jurisdiction et connoissance, et icelle interdit à toutes ses Cours , et autres Juges. FAIT au Conseil d'Etat du Roi , tenu à Versailles le 25. du mois de Novembre 1755. Collationné et signé à l'original , EYNARD.

*Extrait des registres du Conseil d'État du Roi.*

Sur la requête présentée au Roi étant en son Conseil, par Louis Camille de Lorraine, prince de Marsan, seigneur de la ville et seigneurie de Pons en Xaintonge, chevalier des ordres du Roi, lieutenant-général de ses armées, contenant qu'aux environs de la ville de Pons, il y a une quantité considérable de terrains submergés qui ne produisent aucuns revenus, et que les propriétaires ont essayé jusques à présent de dessécher sans avoir pu y réussir; que le seul moyen d'y parvenir, est de rendre la rivière de Seugne navigable, depuis la ville de Pons jusques à son embouchure dans la Charente, puisque les eaux de cette rivière coulant dans un lit trop peu profond, ou arrêtées dans leurs cours par les écluses des moulins, inondent plus de huit mille arpens *des meilleures terres du Royaume*, mais qui ne forment aujourd'huy que de vastes marais; que par le moyen du curement de cette rivière, et de la navigation qui y sera établie, non seulement ces marais seront mis en culture et seront d'un produit très considérable, mais on pourra conduire de Pons à Xaintes toutes les marchandises et les denrées dont on ne peut actuellement avoir le débit à cause de la difficulté et de la cherté excessive des charroys par terre; que les avantages de cette navigation et du desséchement qu'elle doit procurer seront communs aux droits du Roi, aux propriétaires des terrains qui seront desséchés et au public. . . . . .

. . . . . . . . . . . . . . . . . .

Vu ladite Requête, signée Moreau de Vormes, Avocat du Suppliant, ensemble l'Arrêt du douze octobre mil six cent vingt-quatre, qui accordoit au Sieur Maréchal d'Albert, le privilège de la navigation de la rivière de Seugne et les droits à percevoir

15

sur icelle : Vû l'avis du Sieur Intendant, Commissaire départi en la Généralité de la Rochelle, sur les avantages de ladite navigation et dudit desséchement, et sur le tarif des droits à percevoir sur les marchandises qui seront voiturées sur ladite Rivière : Vu aussi le rapport fait ensuite des Ordres du Conseil par le sieur Gendrier, Inspecteur Général des Ponts et Chaussées, sur les plans et devis desdits Ouvrages, ensemble sur la nécessité de détruire les Moulins qui nuiroient à ladite navigation : OUI LE RAPPORT, LE ROI étant en Conseil, a ordonné et ordonne ce qui suit :

### ARTICLE PREMIER.

Le Roi a permis et permet au Sieur Prince de Marsan, à ses hoirs, successeurs ou ayant cause, de rendre la Rivière de Seugne navigable, depuis la ville de Pons jusqu'à celle de Saintes, et de faire le desséchement des terrains inondés dans la même étendue ; comme aussi d'établir et entretenir à ses frais, exclusivement à tous autres, le nombre de bateaux nécessaires pour ladite navigation, à la charge de rembourser à qui il appartiendra, les frais qui ont été faits pour parvenir au desséchement ordonné par l'Arrêt du Conseil du 17 Avril 1753.

### ARTICLE II.

Permet, Sa Majesté, audit Sieur Prince de Marsan, de combler tous les canaux et fossés par lesquels les eaux de la Rivière de Seugne s'écoulent dans la Charente, pour réunir ces écoulemens dans un seul et même canal dont l'embouchure dans cette Rivière sera plus près de la ville de Saintes qu'il sera possible, et pour cet effet de dériver les eaux de ladite Rivière de Seugne qui lui seront nécessaires.

### ARTICLE III.

Ordonne, Sa Majesté, que les Moulins actuellement situés sur la Rivière de Seugne, entre la ville de Pons et la ville de Saintes, qui nuiroient à ladite navigation, seront détruits, avec défenses, sous quelque prétexte que ce soit, d'en construire à l'avenir d'autres nouveaux, à la charge par ledit sieur Prince de Marsan et suivant ses offres, d'en payer préalablement la valeur aux Propriétaires à dire d'Experts convenus par les Parties sinon nommés d'Office, ou d'en faire ordonner la consignation, et encore à la charge par ledit Sieur Prince de Marsan, de faire construire de nouveaux Moulins dans les lieux convenables et en quantité suffisante pour le service du public.

### ARTICLE IV.

Permet, Sa Majesté, audit Sieur Prince de Marsan, de prendre les terrains nécessaires pour l'alignement tant du canal de navigation, que des canaux de dérivation, de leurs chaussées, contrefort et autres ouvrages nécessaires à la dite navigation, à la charge par lui d'indemniser préalablement les Propriétaires des terrains qu'il sera forcé d'occuper pour lesdits ouvrages, suivant l'estimation qui sera faite desdits terrains et des dommages à l'amiable entre les Parties, sinon il sera nommé d'office des Arbitres pour ladite estimation, ou d'en faire ordonner la consignation, comme il est prescrit dans l'Article précédent.

### ARTICLE V.

Dans le cas où quelqu'un des Moulins ou des terrains mentionnés ci-dessus, se trouveroient appartenir à des gens des main-morte, Veut et Ordonne, Sa Majesté, qu'il soit fait emploi de la valeur à laquelle ils auront été estimés en effet , permis et de la manière prescrite par l'Edit du mois d'Août 1749.

### ARTICLE VI.

Pour indemniser ledit Sieur Prince de Marsan , des dépenses qu'il sera tenu de faire pour le travaux de ladite navigation , et attendu le desséchement qui résultera desdits ouvrages, ordonne, Sa Majesté , que par les Propriétaires des terrains inondés sur les bords et aux environs de ladite Rivière, il sera payé audit Sieur Prince de Marsan, la somme de *trente-six livres* par arpent de marais qu'on ne fauche point, *vingt-cinq livres* par arpent de prés marais fauchables, et la somme de *vingt livres* par arpent de bons prés situés dans la Prairie qui s'étend le long de la Seugne; le tout après que ladite Rivière aura été rendue navigable, et lesdits terrains desséchés, si mieux n'aiment lesdits Propriétaires abandonner leur fonds au Sieur Prince de Marsan, qui sera tenu de leur en payer la valeur aussitôt après l'estimation qui en sera faite par Experts convenus sinon nommés d'Office , eu égard à la valeur desdits terrains avant leur desséchement, laquelle option ils seront tenus de faire signifier dans quinzaine, du jour de la sommation qui leur en sera faite par ledit sieur Prince de Marsan.

### ARTICLE VII

Permet, Sa Majesté, au Sieur Prince de Marsan, exclusivement à tous autres , d'établir sur la rivière de Seugne des bateaux pour le transport des marchandises et denrées de Pons à Saintes et retour. . . . . . . . . . . . . . . . . . . . . . .

### ARTICLE VIII.

Le privilége exclusif de ladite navigation et canal de la rivière de Seugne en faveur dudit sieur Prince de Marsan , ses hoirs , .

successeurs ou ayant cause , aura lieu pendant l'espace de soixante années , qui commenceront à courir à compter du premier
Janvier mil sept cent soixante-douze. . . . . . . . . . .

### ARTICLE XI.

Evoque Sa Majesté à soi et à son Conseil toutes les contesta-
tions qui pourroient naître pour raison de la construction de
ladite navigation de la rivière de Seugne, circonstances et dépendances , et icelles renvoye pardevant le sieur Intendant et
Commissaire départi en la généralité de la Rochelle pour y être
fait droit, sauf l'appel au Conseil, lui attribuant à cet effet toute
Cour et Jurisdiction et icelles interdisant à ses Cours et autres
Juges. Fait Sa Majesté défenses aux parties de se pourvoir ailleurs
à peine de nullité, cassation de procédures et de tous dépens ,
dommages et intérêts. FAIT AU CONSEIL D'ÉTAT DU ROI, Sa Majesté y étant, tenu à Versailles le seize Septembre mil sept cent
soixante-dix.

BERTIN.

### TARIF.

De Pons à Saintes, et de Saintes à Pons, pour le transport de
chaque personne , . . . . . . . . . . . . . douze sols.

Pour le transport des marchandises en tonneaux, cinq livres.

Pour les marchandises sèches, le cent pesant; . dix sols.

LOUIS, par la grâce de Dieu, Roi de France et de Navarre,
mandons. . . . . . . . . .

Signé , LOUIS.

Par le Roi, Signé , BERTIN.

**ORDONNANCE DU ROI.**

CHARLES, par la grâce de Dieu, Roi DE FRANCE ET DE NAVARRE, à tous ceux qui ces présentes verront, SALUT.

Sur le rapport de notre Ministre Secrétaire d'état au département de l'Intérieur,

Vu le projet de Réglement présenté par le Sous-Préfet de Marennes, pour l'administration des Marais et des Salines, dans son arrondissement ;

Les observations et l'avis présentés par le Préfet du département de la Charente-Inférieure, sur ce projet, sous les dates des 25 décembre 1823 et 5 janvier 1824 ;

L'extrait des délibérations du Conseil général du département, sessions 1821 et 1822 ;

Vu la loi du 4 floréal an XI ;

Vu le décret du 16 septembre 1808, portant organisation des propriétaires de terrains préservés de l'inondation de la Charente, en quatre Syndicats ;

Notre Conseil d'état entendu,

Nous AVONS ORDONNÉ ET ORDONNONS ce qui suit :

ART. 1.er Le Réglement proposé par le Sous-Préfet de Marennes, pour l'administration des Marais et des Salines de cet arrondissement, et adopté par les propriétaires intéressés, ainsi qu'il résulte de leur délibération du 12 décembre 1819, est approuvé, sous la réserve que les dispositions du 4.e livre dudit Réglement ne seront appliquées par les Cours et Tribunaux, qu'autant qu'elles seront conformes à ce prescrivent le Code pénal et les décrets, ordonnances et réglemens locaux, qui sont maintenus par l'article 484 du Code pénal.

Un exemplaire de ce Réglement demeurera annexé à la présente Ordonnance.

2. Le Préfet de la Charente-Inférieure est autorisé à en appliquer les dispositions aux autres associations de son département, sur la demande des propriétaires intéressés.

3. Notre Ministre Secrétaire d'état au département de l'Intérieur est chargé de l'exécution de la présente Ordonnance.

Donné en notre château des Tuileries, le vingt-neuf septembre, l'an de grâce 1824, de notre règne le premier.

*Signé :* CHARLES.

Par le Roi :

*Le Ministre Secrétaire d'état au département de l'Intérieur,*

*Signé :* CORBIÈRE.

# TABLE.

## § IV.

**Fin de la Table.**

Page 24 , 2e alinéa , ligne 4 , au lieu de 2 *millimètres,* lisez 9/10e *de millimètre par mètre.*

Page 92 , 5e alinéa , ligne 5 , au lieu de 2 *millimètres,* lisez 9/10e *de millimètre par mètre.*

Page 99 , 3e alinéa , ligne 3 , au lieu de 400,000 *francs,* lisez 450,000 *francs.*